創富
區塊鏈

從比特幣到FinTech，即將改變
世界商業規則的科技新趨勢

許庭榮　彭冠今 ───── 著

BlockChain

【自序】

選擇比努力更重要！未來十年最新潮——創富區塊鏈大浪潮來了！

跟緊數位黃金新潮流，活越久、越健康、越富有！

在閱讀本書之前，請讀者先思考這個議題：**每一位資本家都渴望機器人可以取代人類，分秒不停工作。你該怎麼辦？**

當人類邁入數位化世界，人人都會成為數位人。在數位化的世界裡，大部分的工作都將被智能機器人取代，你、我及下一代將如何面對大裁員時代？

在過去的觀念裡，健康與財富往往針鋒相對，為了追求財富，大多數的人都以犧牲健康的方式來換取財富，雖然賺到財富，但也失去了健康。所以很多寓言故事中的情節，總是再三警告人們切莫前半生用健康來換得財富，後半生再用財富來換回生命。現在如何魚與熊掌兼得？學會利用創富區塊鏈技術，就能把健康與財富牢牢捉在手裡！

過去的 20 年，人類應用 Internet 發展出很多無中生有的巨大產業，像是 Amazon、Google、Facebook、Alibaba、騰訊等價值高達 500 億美金以上的 Internet 應用企業財團。放諸 20 年前，這些企業都被認為是一群騙子創造的泡沫與鬱金香狂熱，但現今這些應用 Internet 的企業，卻成為人類文明社會不可或缺的貢獻者。

未來 10 年，將是一個超級連結的區塊鏈共享經濟時代，也

將是另一個商機大爆發的時代，所有的商業模式將會被重新定義，就像工業革命 1.0，蒸汽機時代來臨般，新世界會到處充滿成功創業的機遇，想要成功創業，就要看你準備好了沒？

　　選擇閱讀本書，快速翻轉你的人生！

　　選擇比努力重要！

【導論】
創富區塊鏈就是窮人翻身的最好籌碼！

錢非萬能，但是現代人活在這世上，沒有錢可是萬萬不能！**創富區塊鏈就是窮人翻身的最好籌碼！**

如果你現在還是一無所有，或者你還沒能實現財富自由，也或許你是為了積累財富而正在努力奮鬥的勇士，本書要告訴你，機遇來了！快快牢牢把握住這一次創富區塊鏈帶來的無窮機會，不用再辛苦 10 年、20 年，讓創富區塊鏈用光速似的巨大能量翻轉你的人生吧！

有段經典的俏皮話：「現代人如果只有一份工作，養活不了自己一輩子；但如果身兼二份工作，會少活半輩子！」

相信這是絕大多數人的心裡話，面對現實生活所帶來的沉重負擔，真的太寫實了。如果可以，不要天天朝九晚五不停工作，更不要成了只是為了賺錢餬口而努力工作的機器人。

為什麼有些人可以早早就實現財富自由，而絕大多數的人們，卻都要為五斗米折腰？每天辛勤工作，賺來的收入卻僅能維持基本生活所需，銀行存款少得讓自己還得隨時擔心害怕沒有收入時，一家老小的生計沒有著落！

其實人生最大的悲哀不是生離死別，而是變成年老體衰、生病又沒錢的下流老人。

因此每一位讀者有幸讀到本書，都應慶幸有此提醒，趁著還

年輕，盡早學會規畫自己人生的知識與技能，向巴菲特等成功大師學習看齊，學會投資理財，為自己、為家人賺存足夠的財富。

人人都希望等到年紀大該退休，又沒有賺錢能力時，隨時隨地身邊都有花不完的金錢，如此才能享受有尊嚴的養老生活。不僅不用向親人伸手要錢，生病時也還能請得起專業看護隨身照顧自己，更有能力照顧身邊的親人。

「下流老人」是近年日本社會學者藤田孝典引爆的話題，在臺灣也面臨同樣的問題，很多月薪臺幣 5 萬以上的中產階級，因為沒有提早做好準備，都可能淪為「下流老人」。這可不是危言聳聽，而是活在數位化世界的你我都必須面對的社會現實問題。

日本現在約有 6、700 萬的「下流老人」，因為少子化及啃老族日趨嚴重，很多老人一天只能吃一頓飯，拿廉價小菜到收銀檯排隊。他們付不出醫藥費，只能在家中服用成藥，無人照顧，一個人孤獨邁向死亡。這些只是冰山一角，但也許因為太恐怖了，所以整個日本社會下意識移開視線，不敢正視這個問題。

隨著科技、醫學越加發達，人的壽命越活越長，所以我們必須盡早做好經濟規畫，好讓退休後的自己擁有足夠的退休金，可以過上富足的生活，避免跌入「下流老人」的深淵。

臺灣大部分人還普遍存著勤儉致富的老舊觀念，不懂得與時俱進，不敢投資理財，總是眼睜睜看著一小部分的人發財致富，盡享榮華富貴，而自己辛勞一生，卻要擔心無法安心養老。

其實金錢只是做為以物易物的媒介，但因人人都搶著要，反

而變成了人人追求的寶物。這股匯聚眾人欲望的力量，就好似能量流一般，越流通，能量就越強大。

就像漁船出海捕魚，想要滿載而歸，就必須緊跟海洋裡的潮流駛航是一樣的道理。大海裡的所有魚群，都是跟著海洋的潮流游動，潮流到哪，趨勢就到哪，魚群也就跟到哪！俗話說：「十年河東、十年河西。」想要成功致富，只有跟對潮流、看準趨勢。

2009 年比特幣發行以來，第一次的交易價值是從 1 萬枚比特幣交換 2 個披薩，直到 2015 年，每 1 枚比特幣才能兌換 1 美元，然後一路飆漲，最高來到 2 萬美元，投資效益高達 520 萬倍。

綜觀未來 10 年，致富新潮流就在創富區塊鏈。現在就讓本書完整為你精彩剖析，告訴你：

1. 什麼是創富區塊鏈？
2. 如何利用「創富區塊鏈」＋「數位黃金」，創造無限量的投資收益？
3. 手把手，一步一步教你如何擁有人生的第一枚比特幣。
4. 引領你跟上世界新潮流──活越久、越健康、越富有的新人生！

人類因信仰而偉大！

　　《新約聖經》中記載，耶穌拿出五個餅、二條魚餵飽了 5000 個來聽他講道的人群，如此無中生有的典故，看來似乎是一件多麼奇妙的神蹟。在你準備開始閱讀本書時，請你用心思考這個聖經故事與比特幣所要彰顯的意義為何？

　　創富區塊鏈浪潮來了！

　　即將席捲全球，將從根本改變全世界的經濟結構和人類的生活與消費習慣。

　　2010 年 5 月 21 日，第一次比特幣交易：美國佛羅里達程式設計師 Laszlo Hanyecz，用 1 萬個比特幣購買了 1 個價值 25 美元的披薩。這項交易，誕生了比特幣第一個公開匯率。

　　時間來到 2017 年 12 月 8 日，比特幣單個公開匯率已經突破 2 萬美金。從 2009 年起，神祕的中本聰公開發行比特幣以來，最高漲幅高達 520 萬倍。

　　神奇的比特幣標示著：「數位化世界的新時代來了！」快快搭上創富區塊鏈列車，翻轉人生。

　　不管你信或不信，數位化的世界來了，只有跟緊時代步伐的人，才不會慘遭淘汰。

　　美國暢銷書作者詹姆斯 · 瑞卡茲（James Rickards）在其著作《下一波全球金融危機》這本書中揭露：世界各國政府正無恥

的共謀對付它們的人民。瑞卡茲在書中寫道：「你的錢可能會像卡地亞（Cartier）玻璃櫥窗裡的珠寶，看得到卻摸不著。」

相信大家仍是記憶猶新，2008 年美國爆發金融危機，全世界人民都為美國華爾街巨頭們埋單，吞下所有的損失。當下一波金融海嘯來襲時，你我還有能力承受嗎？2018 年美國道瓊指數創下歷史新高後，緊接而來的全球股市大跌，讓多數人們更加恐慌，是否會再發生全球性的金融危機？

瑞卡茲提醒大家，下一波全球金融海嘯已迫在眼前，隨時都將引爆金融危機，要小心你我存在銀行中的現金領不出來時，該怎麼辦？

2017 年比特幣瘋狂大漲，帶給這個沉重的世界無比閃亮的焦點話題，更讓很多幸運兒變成腰纏萬貫的鉅富。

舊有的經濟模式，讓絕大多數的人類辛勞一生，卻只能勉強餬口。面對生活的經濟壓力，大多數的人只能努力工作。相信很多人都深有同感，在這個高度分工的世界裡，只要沒有辦法持續創造收入，除了很快會一無所有外，更要擔心連三餐都不保。因此現代人比以往的人類工作時間更長久、工作壓力更巨大，而且只能夠像工蜂一樣勤勞工作，賺取微薄的收入。

隨著比特幣的神話興起，加密貨幣已越來越廣為人知，並吸引所有的人關注與討論。現在越來越多的科技應用，讓人類似乎從共產主義好還是資本主義好的對決與爭論中，找到了更符合人性、更公平的做法；使人與人之間不再是相互控制，或是落到層

層剝削的惡性循環中，讓人類更公平的採用分享與共享形式，來解決人類社會資源分配不公的老問題。

當第一次工業革命來襲，解放了大多數的人類，也造成一向被奴隸、被剝削的廣大底層人民猛然覺醒，展開了全球性的社會運動及階級鬥爭。由於人民的選擇，讓世界兩極化，分成為共產社會與資本社會。

隨著人類不斷進化，思潮左右人類的演變。共產社會主義與資本社會主義是人類突破封建制度後，邁入民主思潮的兩個分岔點。兩個思想本身都是為瞭解決社會資源分配不公的問題，但這兩種主義經過人類多年的實踐與鬥爭，都被發現各自存有嚴重的缺失，並被證明不符合人性。

共產主義的「大鍋飯理論」，讓人性消極懶惰；而資本主義的「贏者通吃理論」，卻又造成人性的貪婪自私。經由歷史的驗證，不論共產主義還是資本主義，兩者針鋒相對、水火不容，但都不適合人類。

現在，有一種新的思想與技術——創富區塊鏈，它綜合了共產與資本主義兩者的優點，去除掉兩者的缺點，結合 Internet 與數位化科技來解決舊世代分配不公的老問題。利用共享經濟的思維，在健全的規則中，讓所有加入的群體在公平互惠的條件下，鼓勵每一個人積極向上，創造個人財富最大化，最後依照貢獻度，確保大家見者有分，而不是一人獨得。

創富區塊鏈的技術從 90 年代就開始研討，到 2009 年才發表

面世,經過 10 多年沉澱積累方臻成熟。源自 2008 年,因為美國連動債打破了泡沫,引爆全球金融海嘯,讓很多經濟學家開始認真思考人類未來的新經濟模式,為求避免人類文明因為錯誤的經濟行為引致滅絕。

歷經十年,神奇的中本聰利用比特幣的表象力量,像耶穌一樣彰顯了創富區塊鏈的偉大。

創富區塊鏈經由不斷的實踐與改良,加上近來 5G 通訊、大數據分析、人工智慧、物聯網 IoT 及各種微電子設備等新技術的助力,不斷演化精進,讓人類得以預見創富區塊鏈的未來性,必將在各個領域充分應用。

從即刻起就是創富區塊鏈的新元年,現在已有更多區塊鏈的應用技術陸續發表,各行各業唯有好好把握利用創富區塊鏈技術,佐以全新的共享經濟模式,善用加密的數位征戰全球,才能在區塊鏈的大浪潮中占有一席之地。

創富區塊鏈是全新世界的開端,面對世界的大改變,你我無法置身度外,脫離新資訊、新未來,唯有跟著改變,才不會被這個新世界淘汰。

回看歷史,歷次的工業革命,都讓人類產生翻天覆地的大變化。如果沒有跟上潮流,不論國家、社會或是個人,都得落入慘遭淘汰的厄運。中國的大清朝政權被推翻滅亡,並造成中國近百年的社會大動亂,就是因為沒有及時跟上人類的大潮流。

創富區塊鏈才剛剛開始熱身,趁此良辰美時更加積極、主動

認識創富區塊鏈，並趁早牢牢抓住創富區塊鏈的龐大商機吧！

本書採用淺顯易懂的方式，讓每一位讀者輕鬆秒懂創富區塊鏈，書中除了介紹如何在生活中具體應用外，並帶領大家見識如何結合各種產業，開創下一波致富大商機。

這次出書的目的不是要讀者跟著潮流炒買比特幣，而是藉由比特幣認識什麼是創富區塊鏈，進而學會運用創富區塊鏈的技術，在自己熟悉的專長活用創富區塊鏈發財致富。

因此如何幫助本書的讀者創造財富、翻轉人生，才是我們此次出書的目的。只有更多人成功發財，這個世界才會更平靜、更美好，你說呢？熟讀本書，將讓你徹底顛覆傳統思維，成為人生勝利組。

想要改變你我的未來，就從學會創富區塊鏈開始吧！

目錄

第一部
什麼是創富區塊鏈？

第一章　認識新世界的新語言

第二章　區塊鏈＋加密貨幣的新時代來了

第三章　站在風口的豬也會飛

第二部
如何利用創富區塊鏈＋數位黃金創造無限投資收益？

第四章　創富區塊鏈列車進站，你準備好上車了嗎？

第五章　從創富區塊鏈觀看各行各業投資理財新模式

第三部
手把手，教你擁有人生的第一顆比特幣

第四部
引領你跟上世界新潮流！

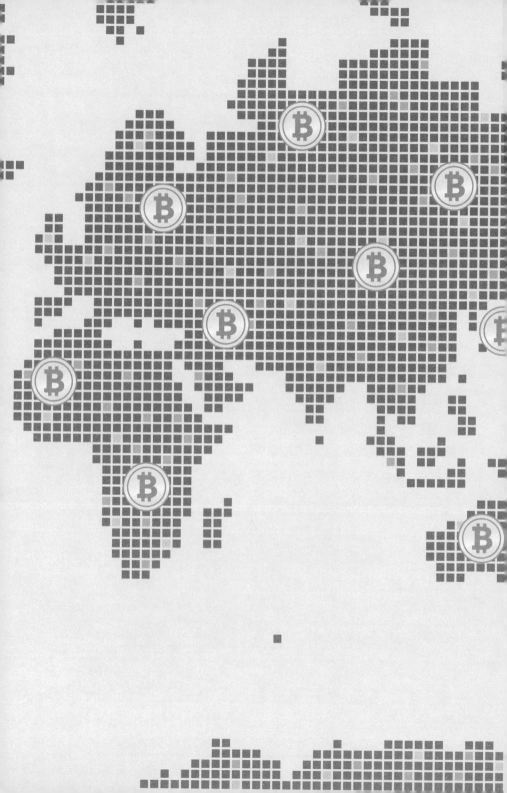

第一部
什麼是創富區塊鏈？

創富區塊鏈就是在 Internet 上面
建立互信及創造財富的 Internet 技術！

第一章
認識新世界的新語言

 ## 第一節 你是摩登原始人嗎？

面對全新的數位化世界，想要完整的瞭解創富區塊鏈，除隨時關注跟創富區塊鏈息息相關的資訊外，還要加入並參與，才能在創富區塊鏈中挖到真正的寶礦，找到致富商機！

現在就讓我們帶領你進入明日世界裡，一次看懂整個創富區塊鏈的完整面貌，而不是瞎子摸象或是人云亦云。

這個世界正以分鐘為單位，時時刻刻都在不停的變化。回想100多年前，臺灣仍活在農業社會之中，春耕、夏耘、秋收、冬藏，到處是廣大的農田，人們的生活步調緩慢重複，事事日復一日、年復一年！但從 90 年代 Internet 進入我們熟悉的世界後，這個世界年年都有不同變化，天天都有新鮮事。

自從邁入 21 世紀，全世界都在進行一場翻天覆地的大變化。真實與虛擬世界之間，讓大部分的人似乎來不及應變。在認識如何創造新財富啟航之前，有很多新的名詞，或許很多人聽都沒聽過，如此面對創富區塊鏈，只怕會更加茫然。身為現代人，你我都必須積極 Update 自己，否則小心變成摩登原始人。如果我們不會製造汽車，至少也要學會駕馭汽車與保養汽車的知識。

資訊落差，就是財富落差！

先讓我們帶著你閱讀以下的 Q&A，瞭解創富區塊鏈新世界裡有哪些新鮮事、新名詞，讓你成為懂得世界新潮流的現代人，並學會利用創富區塊鏈來為你創造財富吧！

 第二節 新世界新名詞 Q&A

Q1. 什麼是物聯網（IoT）？

A：物聯網（Internet of Things，簡稱 IoT）是結合網際網路、傳統電信等資訊的載體，能讓所有不同的人與物體之間，透過網際網路相聯互通的新形態網際網路。

在物聯網，可以使用電子標籤將真實的物體上網聯結，除了可以查出具體位置外，還可以使用管理平臺對機器、裝置、人員進行集中管理、控制，也可以透過無線藍牙對家庭裝置、汽車進行遙控，以及透過 GPS 衛星定位搜尋位置、防止物品被盜等等，類似自動化的操控系統。

透過各種設備收集而來的各種資料，還可以積聚整合成有用的大數據，包含重新設計道路系統以減少車禍、都市更新、災害預測與犯罪防治、流行病控制等社會的重大改變。有了物聯網，就可以將現實世界的人、事、物轉換成各種數據，加以設計利用的應用範圍更為廣泛。物聯網可以把各種原本分散的資訊，統合整理成互相關聯的數位資訊。

物聯網的應用領域主要包括以下方面：

1. 運輸和物流領域；

2. 健康醫療領域；

3. 智慧型環境（家庭、辦公、工廠）領域；

4. 個人和社會領域。

從這些應用領域可以深遠看到，物聯網在未來具有十分廣闊的市場和應用前景。現舉一些例子來看物聯網的真實應用吧！

1. 智慧型門鎖

經由物聯網就可以自動上傳盜竊資訊及計算物流配送最佳時間等，讓使用人、物業管理、保全業及運輸行業能更有效率。

2. 監控冰箱

隨時隨地監控冰箱狀況及食物數量、保存期限，並提供訊息給食物供應商、物流人員準時供應食物；也可以提供訊息給專屬營養師、醫護人員、健康管理師做好各種健康管理。

除了讓冰箱中隨時有新鮮食物，擁有更精準的健康管理外，也讓生產者更有效率生產食物，避免供過於求，造成浪費與損失。

3. 智慧型汽車

透過自動計算路徑，分析節省燃料或時間，進而更高效節能，減少對環境的影響，並讓用戶有更佳的體驗。

4. 農產品生產履歷

從生產到冰箱的各個歷程，都有完整的生產履歷，讓用戶買的放心、吃的安心。

5. 醫療與健康追蹤

透過各種穿戴式智能設備，隨時隨地追蹤及記錄用戶的健康狀態，並自動及時提供醫療服務。

6. 家電及汽車產品保固服務

經由 IoT 隨時追蹤用戶使用狀況，自動提供保固及保養服務。

7. 3D 智能列印

經由物聯網 3D 智能列印，就能憑空出現在你眼前。讓個性化生產變成更即時、更快速。

以上整理出來的應用範圍與實例，還只是冰山一角。在萬物皆可連的新世界裡，請大家睜大雙眼，每時每分都有新應用、新科技橫空出世，不僅讓人跌破眼鏡，更讓人驚嘆連連。

Q2. 什麼是金融科技（FinTech）？

A：金融科技（Financial technology，簡稱 FinTech），Fin-Tech 是一種新型的金融服務解決方案，透過網際網路，利用資訊科技的計算及認證能力，提供各種金融服務。智慧型手機就是錢

包、就是銀行，這就是 FinTech 帶來的創新應用。

像是支付寶、微信支付、Apple Pay、Android Pay、Samsung Pay 等，都是目前為止全球最成功的 FinTech 案例。然而這些成功的 FinTech 都不是銀行體系出身，只是基於一個非常活躍的電商、社群，或是作業系統平臺，再延伸出的互補性金融服務。

簡單來說，FinTech 讓金融流通不需透過傳統銀行機構。以前金融流通的操作，靠的是人與人手把手來處理金融流通業務。但以後只要透過 FinTech，所有的金融流通操作程式，都可以在科技產品上進行，透過數位化設備就可取代人力，因此金融行業內很多工作將會被取代。

舉例來說，新的金融運作模式 P2P Lending（網路借貸），指的是運用 Peer-to-Peer 點對點，也就是透過個人對個人的方式，在網際網路的平臺上進行借貸行為。如此一來，金錢的流動就不需要透過傳統銀行機構，網路就能夠成為交易行為的仲介。

而 FinTech 使用用戶的行為數據，除了可以用來提升個性化服務外，更藉此改變信用與風險的評估方式，為每個人量身設計合適的金融商品。因此 FinTech 的核心除了大數據外，更可以成為金融大通路。

而 FinTech 帶來的大衝擊，就是大部分的金融從業人員被加速淘汰。受 FinTecn 影響，歐洲十大銀行在 2016 年下半年開始大幅裁員，規模高達 13 萬人，已超過 2013 與 2014 兩年的加總。美國著名的埃森哲諮詢公司大膽預估，2020 年全美有 1/4 的金融

機構會消失，而 4 成消費金融的業務，將直接透過線上完成。

　　回頭看臺灣，銀行 3.0、FinTech、網路金融……這些炙手可熱的新名詞，也正不斷提醒著臺灣高達 80 多萬名的金融從業人員，新科技所帶來的強大就業威脅。以前臺灣社會普遍認為在銀行上班，不僅穩定又有很好的前景，是捧著金飯碗一族。小心風水輪流轉，在這一波大趨勢下，金融從業人員不趕緊籌備新技能，說不定會被提早淘汰。

　　全球 FinTech 正開始狠狠打破高牆，帶來全新的變貌，並一再敲響警鐘。過往高高在上的金融產業從業人員，恐將面臨飯碗難保的命運。在行動科技越加普及下，FinTech 金融科技更開始顛覆所有人的生活，包括銀行、保險、證券等傳統金融業的生態，將遭到巨大改變。

　　相關應用領域略舉如下：

　　1. **行動支付**：出門免錢包，手機即能付款。

　　2. **保險科技**：運用大數據客製化保單。

　　3. **智能理財**：AI 機器人隨身理財顧問，提高效率。

　　4. **群眾募資**：提供小資族將創意變生意。

　　5. **借貸放款**：P2P（網路借貸平臺）小額借貸周轉。

Q3. 什麼是人工智慧（AI）？

　　A：人工智慧（Artificial Intelligence，簡稱 AI），就是利用電腦程式的計算與運作，來達到類似人類智慧與思考運算功能的

技術。建構 AI 的目的，是能夠讓所有的機器類似人腦，甚至超越人腦的推理、知識、規畫、學習、交流、感知、移動和操作物體的能力；簡言之，很多人發展 AI 的目的，就是運用類似人類的機器人取代人類的工作。

隨著時代的演變，人類不再能夠只靠出賣勞動力來換取生存所需；因為很多的工作都將被比人類聰明且勤奮的 AI 機器設備所取代。因此現在起，每一個人都必須思考自己存在的意義與價值，同時留意你的工作是否會被機器人取代。

人工智慧目前朝向三大應用領域發展：自動化判斷、參與人類的思考、預測未來的能力，現在讓我們來分別解釋這三大應用領域：

1. 自動化判斷

在這一領域，人工智慧的主要應用是讓機器像人類一樣自動學習、自動工作，也就是能夠自動深化開發知識的判斷工具。目前已經有很多人工智慧設備，可以自動化完成很多傳統上需要訓練有素的工人才能完成的任務。手寫筆跡和字元識別就是認知自動化應用的最佳範例，這樣的技術可以支持高強度、複雜繁瑣的辦公業務，以幫助企業降低信任風險和成本。

2. 參與人類的思考

人工智慧還可以透過自動化判斷技術直接與人類建立密切的思考交流關係，並為提供服務的一方和接受服務的一方之間，達

到良好的溝通與仲介服務，進而促使提供服務的一方，為接受服務的另一方設計量身打造的客製化產品和服務，以創造最好的效益及更好的收益流。

最常見的例子就是語音識別介面，它可以自動執行人類下達的語音指令，調降空調溫度或打開電視的某一頻道。又像是安排醫院接收病人入院執行各種檢查或治療，或依照每一位病人的大數據分析，更精準的為病人推薦合適的藥品或服務。

想想這些 AI 工作所及的範圍，就可以判斷出有哪些職業會被 AI 機器人取代。而目前正從事這些職業的人們，必須盡早思考如何學習其他社會所需技能，才能夠在工作被 AI 機器人取代前，便先轉換工作。

3. 預測未來的能力

現在的人工智慧已經能夠自動從各種得來的數據流做分析，並根據分析生成判斷，做出各種相關決策與答案。

也就是說，AI 除了可以深入知道已經發生的事情，而且還能分析正在發生的事情，以及預測接下來可能發生的事情。

現在 IBM 的華生醫生 AI 系統，已經可以像資深醫生一樣，根據各種檢查報告診斷，分析病人的病情，並做出最合適的治療方案，讓病人更精準的接受最有效的投藥與治療。不僅加快治療時效，還能節省不必要的過程，為醫院創造更好的營運效益。像這樣的發展，相信很多醫生的工作，很快將被 AI 機器人所取代。

根據史丹佛大學主題為「2030 年的人工智慧與生活」的調查研究，專家預測人工智慧將在以下八大領域發揮重要作用：**交通、服務型機器人、醫療、教育、低資源社區服務、公眾安全、就業與工作及娛樂產業。**

另一方面，美國勞動部最新發布的報告中提到：「**65％的在校學生，未來將被僱傭於現在尚未存在的工作崗位。**」這些預測告訴我們，在不久的將來，人工智慧技術將與我們的生活產生緊密聯繫，對工作和生活等多方面造成更深遠影響。

Q4. 什麼是去中心化？

A：在創富區塊鏈中首先倡議的核心觀念就是「去中心化」，一切的技術開發與應用，皆圍繞在此主軸下進行發展設計。何謂去中心化？為何這個議題點明人類的文明，將因此而產生偉大變革與加速進化？首先從人類文明的發展進行詳加剖析。

在人類文明中有五大發現，是促使人類文明發展出現重大轉折的主因，分別敘述如下：

1. 火

在舊石器時代，人類發現火除了可以給生活帶來安全與便利外，更可以用來控制大自然。隨著人類發明鑽木取火，開始學會控制與利用火來為人類工作，像是烹煮食物或照明。這一偉大的發現，促使人類的文明遠遠超越所有的生物，也讓人類加快了演化的腳步，快步邁入新石器時代。

2. 鐵

人類在新舊時代中,利用各種岩石來製作各種生產工具與防衛武器,直到人類發現鐵礦,進而發明了複雜的冶鐵技術,並製造出比石器更好的生產工具與更堅強的武器。隨著冶鐵技術不斷精進,人類開始學會開採各種礦石,製造出更多種類的金屬物品,並用來製成更多樣的器具,使得人類逐步控制整個地球。自此人類慢慢駕馭萬物,成為地球的支配者。

3. 指南針與船

人類從礦石中發現了磁鐵,隨之發明了指南針,進而帶來更精準的航海技術,讓人類足跡無遠弗屆,不斷擴充版圖、不斷開疆闢土,遠征地球每一個角落。短短 400 年間,成功征服了整個地球,創造出生命的奇蹟。

4. 煤與蒸汽機

英國人瓦特在不經意中發現了蒸汽可以運用當作動力,因此發明了蒸汽機來取代人力。此一發明,是促使人類變得更加偉大的工業革命。在不到 200 年間,用經濟力量翻轉整個世界,造成人類文明重大轉折與改變。

經此波工業革命,解放了廣大的勞動人民,進而給大多數人類帶來自由與財富。除了釋放出更多的人力轉向各行各業外,更創造出輝煌的人類文明與快速進步。

5. 電力與馬達

人類很早就從大自然中發現了電，卻不懂得如何運用。直到 150
年前，愛迪生與特斯拉分別發明了供電系統與馬達（發動機）後，
人類從此發明出更多的電力應用。

短短的 100 多年間，人類的文明就像發射的火箭一樣，加快
速度往上飛奔。不到一個世紀，就讓人類發展的領域，奔向地球
以外更廣闊的太空。

衡諸歷史，現今第六個最最偉大的人類文明大轉折已然出
現，那就是「**去中心化**」！

這就是創富區塊鏈所倡議的核心價值。為何這是人類文明另
一個重大轉捩點呢？因為在人工智慧、大數據、智能機器及 5G
通訊系統等助力加持下，人類將釋放出更多的勞動人口。而這些
從工廠裡、企業裡被解放出的人類為了生存，勢必為生命找到出
口，如此必將為人類發展開創出更多樣的文明來。

你我皆是有幸見證這第六個人類文明大變革的一代，除了要
永遠銘記這一偉大時代的來臨，更應抓住這個好時機，創造出更
好的應用，讓自己的生命得以延續，並藉以造福人群與社會。

那麼，到底什麼是去中心化？

去中心化（Decentralization）的定義是指在 Internet 的世界
中，把每一個使用者都當做是一個節點，整個 Internet 就是由眾
多節點組合而成的系統，每一個節點都是高度自治的個體。節點

之間可以互相選擇、自由連接，進而形成新的單元，這就是變形蟲組織。這個概念其實在個人化 PC 盛行的 90 年代早已成形，只是後來個人化 PC 被中心化、集中化的大型伺服器所取代，大多數的使用者把數據控制權交給了各個寡占的商業巨頭，像是 Google、Facebook、阿里巴巴及騰訊等這樣巨大無比的公司。

在去中心化的概念中，任何一個節點都可能成為某一階段性的中心，沒有強制性的中心控制功能。節點與節點之間可以透過網際網路相互影響，造成約定的因果關係。這種關係是開放式、扁平化、平等性的。

藉著這種越來越深入的相互作用，經由人工智慧的協助，使得彼此之間的認知機能不斷平衡，判斷結構不斷完善，進而讓每一個個體從舊有中心機制中被解放出來，不再被某一個中心機制所控制。

舉例來說，以前我們把錢存在 A 銀行，如果我們要使用自己的錢，那首先必須得經 A 銀行同意，我們才能使用。如果有一天 A 銀行倒閉了，我們存在 A 銀行的錢會不會就不見了？

再舉個例子來說，假設我們身處在臺灣光復初期（西元 1940 — 1960 年代），因為當時的政府不計後果亂印鈔票，導致我們辛苦一輩子賺來的積蓄，在一夕之間變成一文不值的廢紙。

相信以上二個例子都不是每一個人樂見的結果，A 銀行與政府就是中心化的代表；去中心化，不是要我們捨棄銀行與政府，而是經由創富區塊鏈的技術應用，讓我們每一個人都如同是網際

網路中的節點一般，不會被某一個中心集權化的節點所控制，或蒙受不該有的損失，每一個人都有權利與某一個節點連結或分離。去中心化，簡單的說就是去威權化，讓擁有權力的人，不再主宰我們的一切。

這樣偉大的思維是人類在 Internet 發展過程中逐步形成的，相對於早期的 Web 1.0 時代，Web 2.0 內容不再是由專業網站或特定人群所產生，而是由全體網民共同參與且權級平等共同創造的結果。任何人都可以在網路上表達自己的觀點或創造原創的內容，共同生產資訊。

隨著 Internet 服務形態的多元化，去中心化網路模型越來越清晰，也越來越具體可行。Web 2.0 興起後，Wikipedia、Flickr、Blogger 等網路服務商所提供的服務都是去中心化的，任何一位參與者均可提交內容，由網民共同進行創作或貢獻。

由於更多簡單易用的去中心化 Internet 服務出現，Web 2.0 的特點越發明顯。例如自從 Twitter、Facebook 等類似觀念的網路服務系統誕生後，便有更多的使用者能為 Internet 貢獻更加簡便且多元化生產內容，進而提升了使用者參與的積極性，降低了生產內容的門檻。最終使得每一個使用者均成為一個微小且獨立的資訊提供商，使得網際網路世界變得更加扁平化，生產的內容更加多元化。

這就是為什麼去中心化對人類文明的再進化如此重要，在以前的文明制度裡，我們都只是人類群體的一小部分，就像海裡的

沙丁魚群般,由一個具有權威的中心機構主宰著我們的生死與活法。但有了去中心化的機制後,我們在整個系統中,就有權利去決定自己的生死與活法,徹底把每一個人從中心化的組織中解放出來,讓每一個人懂得為自己而活。在精神層面來說,是人類從舊時代以來最最偉大的一次文明變革!

而創富區塊鏈所要標明的應用就是去中心化、去權威化,以後的人類文明發展將不再由某一個人或某一個組織來決定,而是由你我及世界上的每一個人與物聯結運作,是對大家都有利的方向,因此會在未來世界中運行。簡單來說,所謂的「創富區塊鏈」,就是讓每一個參與者,透過數位鏈結的力量,拿回個人財富的控制權與分配權。在後面的章節中,我們會針對「創富區塊鏈」做完整的解釋,並會加以說明如何應用。

Q5. 什麼是 VR 與 AR?

A:虛擬實境(Virtual Reality,縮寫 VR),簡稱虛擬技術,也稱虛擬環境,是利用電腦模擬產生一個三維空間的虛擬世界,提供使用者關於視覺等感官的模擬,讓使用者感覺彷彿身歷其境,可以即時、無限制的觀察三維空間內的事物。使用者進行位置移動時,電腦可以立即進行複雜的運算,將精確的三維世界影像傳回,以產生臨場感。

該技術整合了電腦圖形、電腦仿真、人工智慧、感應、顯示及網路並列處理等技術的最新發展成果,是一種由電腦技術輔助

生成的高技術模擬系統。

一般的虛擬實境 VR 裝置至少包含一個螢幕、一組感測器及一組計算元件，這些東西被組裝在這個裝置中，螢幕用來顯示仿真的影像，投射在使用者的視網膜上。

目前 VR 在實際應用面上，較成熟的用途是 AR 擴增實境，AR（Augmented Reality）並不是模擬現實環境，而是把虛擬元素藉由投影或是攝影機的結合，將它投射在現實中。其中一個很大的特色，是藉由虛擬與現實元素的混合，增加我們對世界的認知與應對。

我們熟知的世界透過擴增實境的添加，會跟以往有很大的不同。擴增實境 AR 目前已經被廣泛應在生活中，像是導航、娛樂、模擬練習等。此外，由 Niantic、Pokémon 與任天堂三方打造的遊戲「Pokémon Go」，就是主打擴增實境 AR 技術，玩家可以利用手機的鏡頭來查看周遭的神奇寶貝，再點擊手機或裝置捕捉。臺北車站的室內導航 APP 及臺中自然科學博物館的史前世界展，也都是擴增實境的應用。

最新奇的運用就是日本的虛擬援交，透過 AR 擴增實境，讓人與人之間互動模式全然不同。

十幾年前美國影星布魯斯威利主演的電影《第五元素》，現在的 VR 及 AR 已猶如劇中描述的男歡女愛，都是透過虛擬情境讓人類跟愛滋病說再見。

Q6. 什麼是 5G 行動通訊？

A：第五代行動通訊系統（5th generation mobile networks 或 5th generation wireless systems），簡稱 5G，指的是行動通訊技術第五代，也是 4G 之後的延伸。

5G 的特點有三：**海量的資訊流、即時（In-Time）、高速的通訊能力**。這些特色讓我們享有以下的便利：

1. 更快的速度

4G 的速度以 100Mbps 為單位，5G 的速度可高達 10Gps，比 4G 快 100 倍，可以輕鬆觀看 3D 影片或 4K 高畫素影片。

2. 更大容量與更低功耗

為了物聯網（IoT）、智慧家庭等應用，5G 網路將能容納更多裝置連結，同時維持低功耗的續航力。

3. 更低延遲

工業 4.0 智慧工廠、無人駕駛等遠端遙控設備應用，都必須即時傳輸資訊。5G 發展目標是為了讓科技運用更準確、更即時，如：智慧家庭、IoT 物聯網、自動車／車聯網、3D 影片與 4K 高清影片下載、VR/AR、AI 等。

因此跟創富區塊鏈息息相關的物聯網、VR、人工智慧 AI，統統都得仰賴的次世代通訊規格——5G 才能順暢應用，有了 5G，創富區塊鏈將更加穩定成熟。

Q7. 什麼是數位貨幣？

A：數位貨幣（Crypto Currency）又稱作加密貨幣，是使用密碼學原理當作擔保交易安全及控制交易信用的中間媒介，做為各種交易時的新型態支付系統。

數位貨幣又被稱作數位黃金，比特幣是全世界第一個利用「去中心化」思維成功公開發行的數位貨幣，自此之後，更多類似的數位貨幣被創造，像是以太坊、萊特幣、瑞波幣等等。

數位貨幣是基於「去中心化」建立的共識機制，與依賴「中心化」監管體系的銀行金融系統相對，數位貨幣是採用區塊鏈（BlockChain）技術生成的交易媒介應用程式。

接著來談談數位貨幣的起源與存在意義。其實每一種貨幣本身是沒有價值的，最早人類採用以物易物的方式進行交易，但因諸多不便，很難換到自己所需要的物品，於是貨幣應運而生。透過貨幣這個媒介，可以將不同物品按稀有程度進行定價，簡化交易流程。經由貨幣的發行與流通，讓全球各地的各種商業交易、交換，變得更廣泛、更容易。

近日隨著挖礦造成各國供電吃緊的議題，吸引更多人開始關注數位貨幣。但對於什麼是數位貨幣、數位貨幣的起源及其存在的價值，卻知之甚少。

網路上雖然有眾多關於比特幣的科普介紹，但大都艱澀難懂，如果沒有相關的金融知識，一般人實在很難理解加密貨幣的真實意義。

1. 數位貨幣的起源

　　想完全瞭解數位貨幣的起源，得從現有的金融體系說起。大家都知道，貨幣本身是沒有價值的。起初因為人類採用以物易物的方式進行交易，實在諸多不便，又很難換到自己所需要的物品，於是貨幣應運而生。透過貨幣的媒介，針對每一種物品按市場的稀缺性給予定價，藉此簡化交易流程，讓所有的買賣都可以有公平的對價關係。

　　雖然現有的貨幣對交易好處多多，但有一個致命的缺點，那就是「中心化」。目前全世界現有流通的貨幣，都是由每一個國家的政府控管發行，人們無法參與貨幣的發行或查審政府的帳目。如果某政府不斷的發行貨幣，就會讓人們手中的貨幣價值不斷被稀釋，降低貨幣購買力，簡言之就是人們的資產不斷貶值。

　　貨幣除了有因超量發行造成貶值的缺點外，隨著全球化的到來，國與國之間、人與人之間的來往，越來越頻繁密集。但不同國家貨幣間的兌換，往往因為手續複雜麻煩，造成流通不易。

　　舉例來說，當住在臺灣的你想到美國旅行時，就必須先拿臺幣去換成美金，到達美國後才能拿美金在美國各地消費購物或支付各種費用。而要把臺幣換成美金，除了有匯差損失外，不論離開臺灣或進入美國，還會有很多條件限制，比如不能攜帶超過規定的金額出入境，若超過了還得申請報備，可說十分不方便。

　　或許有人會說，可以刷信用卡啊！但明白的人都知道，在臺灣辦的信用卡到國外刷卡消費，各種清算費用及匯差損失加總起

來高達 27%，是非常可怕的高利貸。

如果是小額刷卡消費，或許你不在乎，但對很多跨國企業來說，卻是不得了的大事情，攸關企業存活。所以很多大型企業現在對外貿易都使用加密貨幣買賣及交易，以避免不同貨幣間的清算，造成龐大的金融損失。

這絕不是危言聳聽，世界上一些國家已經發生過此類事件。比如辛巴威，近年來政府大量超發貨幣，導致辛巴威經濟崩潰，最後引入美元成為當地的法定貨幣。再比如印度，印度官方在 2016 年 11 月 8 日突然宣布，面額為 500 盧比（價值 7 美元）和 1000 盧比（價值 15 美元）的鈔票將於隔日凌晨廢除，此舉導致印度民眾手中的 85% 財產瞬間變為廢紙。

現在的世界裡，貨幣之間的兌換實在太費勁了，比如新臺幣想要換成世界上的任一貨幣，除了有很高的交易成本外，更有很多要求、時間差及損失，這一切都讓貨幣交換困難重重。為了解決此二大問題，比特幣的發明人中本聰於 2009 年提出「去中心化」概念，其提出將貨幣改用「去中心化」的支付系統來發行。很多讀者看到這裡恐怕更不明白了，到底什麼是「去中心化」？

以中國大陸流行的微信支付舉例，微信雖然和比特幣同為虛擬支付系統，但微信的每一筆交易都要在銀行系統中進行，銀行便是微信支付的中心。微信支付若有一天被銀行系統拒絕時，所有存在微信支付帳戶裡的數字將毫無用處，比廢紙還不如。

「去中心化」即是點對點交易，不受任何其他因素影響。點

對點交易就是 P2P，是 peer-to-peer 的縮寫，也稱之為對等網路。比如你想從網際網路下載一部電影，便到具有此電影資源的用戶電腦下載這部電影。反之，如果有別的用戶也想要下載這部電影，則在經由你的同意下，也可以從你的電腦裡下載這部電影。

比特幣就像這部電影一樣，比特幣不像現有的電子貨幣存在銀行的中央伺服器中，而是存在於世界上億萬個的電腦之中，歸擁有者永遠所有，不用擔心被國家或銀行找理由凍結資產。比特幣自發行後，沒有任何人可以控制比特幣數量，也無法透過大量製造比特幣來人為操控幣值。

基於密碼學的設計，可以使比特幣只能被真實的擁有者轉移或支付，安全性極佳。

2. 加密貨幣是如何產出的？

首先我們必須瞭解什麼是「區塊鏈」，像比特幣的技術核心就是「區塊鏈」。前文中曾提到現在的 Internet 世界是由一個又一個的結點彙集而成的，每一節點可以視作是一個完整的區塊，就像堆積木的道理。比特幣是把每一個區塊都當成是一本完整的帳本，每一個人都可利用自己的電腦來放置這本帳本，然後在大家共識互信下，彙集成一個大帳本。

應用區塊的觀念，透過網際網路的技術，可以讓人們將所有的「區塊」連結在一起，任何交易資訊和轉帳記錄，都記錄在區塊鏈中的每一個區塊裡。因所有的區塊布滿在整個網際網路中，

所以任何數位貨幣持有者就不用擔心數位貨幣會遭受任何損失，或被銀行、政府意外凍結。

3. 數位貨幣的價值與意義

不論任何型態的貨幣本身都沒有價值，而是眾多貨幣使用者在交易或流通中帶來了價值，也就是使用者共同賦予的價值。

舉例來說，著名歌手周ＸＸ在最當紅的時候，世人在評論其個人品牌價值時，會用貨幣來衡量，以彰顯其價值。貨幣能產生的作用就是如此，其價值是一種對價的展現。

因此加密貨幣對周ＸＸ來說，就能在最當紅時，發行個人的加密貨幣，銷售其個人價值，使其流通交易，讓虛化實，讓價值變成財富，這也就是數位貨幣帶來的價值與意義。

隨著無現金社會及地球村的有序推行，現行不同的貨幣必然隨著時間的流逝，消失在歷史的長河中。未來，去中心化的思想將徹底應用在創富區塊鏈技術上，所有的數位貨幣相信必會和比特幣類似，為人類帶來更加公平的交易媒介功能，為所有的產品、服務提供更加順暢方便的支付模式，更可以保障每一個人的資產不會輕易被剝奪與凍結。

相信今天大家只有把貨幣的價值與存在模式想明白了，才能創造出屬於自己的價值與財富。

Q8. 什麼是挖礦？礦場？

A：挖礦（Mining），是獲取數位貨幣的技術暱稱。

由於其工作原理與黃金挖礦十分相似，因而得名，而進行挖礦工作的人也被稱為礦工。因數位貨幣的產出與交易，必須經由礦工利用電腦設備挖出，就像挖出黃金一樣，只要礦工們挖到黃金，就會得到一定報酬。就像黃金一樣，驅動人們去挖礦的動機是市場的交易需求，只要市場上有人需要加密貨幣做交易，自然就有人願意去當礦工。

因此想在創富區塊鏈上執行各種交易的人們，就會在交易平臺上購買加密貨幣，並使用加密貨幣來做為交易的支付工具。礦工們就可以到加密貨幣交易所賣出挖礦所得的加密貨幣，得到對應的報酬。

另外，礦工及礦場是利用競爭的方式，使用電腦來做運算，以搶得在區塊鏈中成為第一個記入帳本的酬勞，而此酬勞也是由區塊鏈應用系統使用規定的加密貨幣來給付。比如以太坊，就是用此方法開放所有的應用系統免費給大眾使用，藉此鼓勵更多應用在以太坊上交易，然後收取一定的以太幣當做費用。

像目前以太坊比照 Android 安卓系統及 Linux，採用開源的方式，對外開放所有應用程式碼給所有人連結運用，並免費開班授課，讓更多的人和更多企業免費使用以太坊區塊鏈系統。這是很了不得的大躍進，透過共享經濟思維及智能合約，真正落實人與人、人與物、物與物之間安全鏈接，自動智能執行各種約定與

合約。

礦場與礦工的挖礦就擔任開發黃金及搬運黃金的功能，因為所有的去中心化工作與交易，都必須要有礦場來記錄及運算，因此所有利用創富區塊鏈來創造財富、轉換財富的個人或組織，就必須給付工資（或稱燃料費 GAS）給投入資本架設礦場的礦工們，這就是創富區塊鏈最美妙之處。

在共享機制下，讓見者有份，讓大家互蒙其利，而非像舊世代的經濟模式，一切贏者通吃，中間協助創造交易價值的人卻一無所得，因而造成貧富差距越來越大。現在則不同了，有了去中心化思想的創富區塊鏈技術，可以讓所有的參與者一齊分享價值，實現共享的真諦。

Q9. 什麼是智能合約？

A：智能合約（Smart Contract）就是每一個區塊的公開應用說明，通俗的說，就是能夠自動執行合約條款的電腦程式。

以 Airbnb 為例，以後只要所有出租房屋的門鎖全部連線上網，租客上網支付 Airbnb 能接受的等值加密貨幣後，就會觸發智能合約，租客便可獲得所選租房的數位門鎖；這組數位門鎖在智能合約中，也會制定好只在起租和退租期間有效。

又例如當某人還清所有的汽車貸款後，透過智能合約，可以自動將汽車從財務公司名下轉讓到個人名下。

智能合約是創富區塊鏈的靈魂，任何一個創富區塊鏈是否具

有價值，完全要看智能合約藉以判斷是否具有投資價值。

所以智能合約就是在編寫區塊鏈的應用程式時，用電腦程式語法編寫各種條件及可以執行的內容，讓所有想要使用這個區塊鏈的人們，充分瞭解區塊鏈的運作規則及可以執行的事項。

簡單來說，**智能合約就是將傳統的合約變成數位化版本，以利電腦自動運行**。智能合約是在區塊鏈資料庫上運行的電腦程式，只要程式在執行區塊鏈工作時，遇到了滿足程式寫入的條件時，就會自動執行。

大部分的智能合約，都會發公告給所有的創富區塊鏈程式用戶，以利用戶周知規則。但因為利用去中心化的模式，一旦編寫好公開了，就不可以改變內容與條件，因此能夠被用戶信賴。智能合約使用電腦程式語言編碼，與傳統合約相比具有許多優勢：

1. 不必再委託第三方執行合約，消除中間人，大大減少了花費在合約上的總金額。

2. 消除第三方供應商，即是用戶之間直接交易，除了讓交易變得快速外，也可節省掉第三方或代理商。

3. 由於合約條款不能更改，用戶受騙的風險較小，智能合約不受各種人為干預。

4. 智能合約不容易出現斷電、節點故障等問題，合約保存在分布式帳本上時，不存在放錯或遺失的風險。這意味著連接到網路的每個設備都有一份合約副本，並且數據會永遠保存在網路上。

- **智能合約工作原理**

　　由程式開發人員根據討論好的合約或規則，用程式語言撰寫成代碼，智能合約可用於交易和（或）兩方／多方之間的任何交易行為，該代碼包含一些會觸發合約自動執行的條件。

　　例如，與房屋租金協議相關的智能合約只有當業主收到租金後，才會觸發自動執行，並將公寓門禁的新安全密鑰重新發送給租戶。這個合約可以確保租金的定期支付，並且每個月重啟。

　　一旦編碼完成，智能合約就會被上傳到區塊鏈網路上，即發送到所有連接到網路的設備上。一旦將數據上傳，就會更新資料庫，重新記錄智能合約的執行情況，並依智能合約規定的條款檢查是否合規。這樣一來，任何一方就無法操縱或改寫合約，因為對智能合約執行的控制權，不在任何單獨一方的手中。

- **智能合約的潛在案例**

　　智能合約對區塊鏈的應用程式來說極為重要，並且是區塊鏈技術應用中最重要的碁石。有關智能合約在各個領域的應用例子，實在不勝枚舉，智能合約可以成功應用的一些領域如下：

(1) 供應鏈管理

　　傳統製造業的供應鏈以往都是透過紙張報表系統進行管理，在報表簽核過程中，所有的管理表格要透過好幾個管道進行審批，進而增加了欺詐、盜竊和其他的風險，容易造成管理失敗及不必要的損失。

　　透過區塊鏈，就可以將制定好的各種條件與規則寫在智能合約中，為參與鏈接的每一方提供安全可訪問的數位表格，依據智能合約自動執行付款流程，解決各種不想要發生的問題。

(2) 社會管理

　　智能合約還可以向選民提供一個更安全、更靈活的生態系統，選民不必去投票站，可以從任何地方轉移投票權，因為他們參與了由執政當局發起的智能合約，所以完成智能合約需要的不過是連接上網際網路。

(3) 房地產

　　使用智能合約，創富區塊鏈帳本可以幫助我們降低成本，使租戶和業主能夠直接交易，進而消除向經紀人、廣告公司付款及其他類似費用的麻煩。

(4) 保護知識產權

　　智能合約可以保護知識產權，允許用戶追蹤上傳到網路任何檔案的所有權。內容創作者可以與其他用戶一起參與「智能合約」，創作者能夠得到應有的稱讚，並且不需要任何第三方仲介就可以輕鬆得到補償。

- **智能合約的源起**

　　智能合約最早是由跨領域法律學者 Nick Szabo 在 1995 年提

出來的，他的定義為「**智能合約是一套以數位形式定義的承諾，包括合約參與方可以執行這些承諾的協議。**」

從用戶角度來講，智能合約通常被認為是一個自動擔保帳戶，當特定的條件滿足時，程式就會自動釋放和轉移資金。從技術角度來講，智能合約被認為是網路伺服器，只是這些伺服器並不是使用 IP 地址架設在網際網路上，而是架設在區塊鏈上，進而可以在其中運行特定的合約程式。

與網路伺服器不同的是，所有人都可以看到智能合約，因為這些智能合約的代碼和狀態都在區塊鏈上，而且不依賴某一個特定的硬體設備，智能合約的代碼是由所有參與挖礦的礦機來執行，因此更具有可信賴性。

智能合約是由編寫程式者依據合約提供者在區塊鏈上彙編程式代碼，代碼的執行是自動的，如果符合條件，就會自動成功執行；如果不符合任一條件，就會自動撤銷執行，如此就可避免智能合約部分執行的情況。

例如在證券購買交易中，證券所有者已經轉移發送了證券，但是購買者用加密貨幣支付失敗，此時交易就會無效。

· **智能合約的使用案例**

(1) 證券登記和清算

合約狀態包含了證券所有權的資訊，如果證券所有者必須依照智能合約規定，將其擁有的證券出售給出價購買者，則出價購

買者也應在出價時，同步把加密貨幣發送到擔保帳戶內。如果二方都依約執行了，證券登記資訊便會更新，加密貨幣就會轉發給原證券持有者。交易過程中，證券或貨幣都會保管在一個擔保帳戶中，以避免雙重使用，當交易取消或逾時，擔保也將取消。

(2) 銀行現有帳戶

區塊鏈本身因為使用了加密貨幣帳戶，因此需要智能合約。然而現實生活中的人們，認為歐元或美元帳戶與上面所講到的證券登記帳戶類似，使用合約會存在合約另一方風險，正如在現實世界中的任何銀行一樣。但這種風險可以透過風險監管來轉移，或者透過擔保來消除這種風險。

(3) 衍生產品、博彩

假設交易的另一方接受某個在網際網路訪問的數據源，他們就可以對數據源的價值進行衍生合約或博彩。

(4) 預付款和再儲值

合約可以和手機 SIM 卡、預付電話卡等綁定，當收到加密貨幣時，就可以進行儲值及付款。

討論了這麼多有關智能合約的例子，相信大家都能明白什麼是智能合約。運用創富區塊鏈技術時，首要就是需要先設計出完

善的智能合約。在合約設計時，就需要再三確保沒有欺詐或錯誤的問題，所有設計智能合約參與者，都要確保以下事項：

1. 高層級（例如 Solidity）的代碼中，需要充分描述合約參與方的目的與流程。

2. 代碼中的位元組碼實際上相當於高層級的代碼，需要在進入合約之前進行再三審核，以防出錯。

3. 智能合約中的任何一個資訊，都需要仔細理解與詳細解說，以避免出現烏龍操作。例如報價方式的錯誤，或是將 USD 誤植為 TWD，這會導致嚴重損失。

在現實生活中，上述這些問題原則上都可以在事後處理解決，如果需要還可以透過法院處理，但是在區塊鏈中則將是無法挽回的錯誤。因此每一位想要應用區塊鏈技術的人，都要事先好好思考智能合約的目的與各種規則，避免發生無可挽回的錯誤。

Q10. 什麼是區塊鏈？

A：簡單的說，區塊鏈（BlockChain）就是讓所有參與者共享一切好處的應用技術及機制。區塊鏈是指採用分散式、分布式的資料庫做為各種應用的識別、傳播和記載資訊的智慧型網路，也稱為「共享價值網際網路」。

· **定義**

區塊鏈（BlockChain）是指透過去中心化和去信任的方式，

集體維護一個可靠資料庫的技術方案。該技術方案讓參與系統中的任意多個節點，將一段時間系統內全部資訊交流的數據，透過密碼學演算法計算和記錄到一個數據塊（Block），並且生成該數據塊的指紋用於鏈接（Chain）下個數據塊和校驗，系統所有參與節點來共同認定記錄是否為真。

區塊鏈是一種類似於 NoSQL（非關係型資料庫）技術解決方案的統稱，並不是某種特定技術，能夠透過很多編程語言和架構來實現區塊鏈技術。實現區塊鏈的方式種類有很多，目前常見的包括 POW（Proof of Work，工作量證明），POS（Proof of Stake，權益證明），DPOS（Delegate Proof of Stake，股份授權證明機制）等。

區塊鏈的概念首次在論文《比特幣：一種點對點的電子現金系統（Bitcoin：A Peer-to-Peer Electronic Cash System）》中提出，作者為自稱中本聰（Satoshi Nakamoto）的個人（或團體），因此可以把比特幣視為區塊鏈首個在金融支付領域中的應用。

· **通俗解釋**

無論多大的系統或者多小的網站，在它背後一般都有數據庫。這個資料庫由誰來維護？在一般情況下，誰負責運營這個網路或者系統，就由誰來進行維護。如果是微信資料庫，肯定是由騰訊團隊維護，淘寶的資料庫，就是阿里巴巴的團隊維護。大家一定認為這種方式是天經地義的，但是區塊鏈技術卻不是這樣。

如果我們把資料庫想像成是一個帳本，比如支付寶就是很典型的帳本，任何數據的改變就是記帳型的，資料庫的維護我們可以認

為是很簡單的記帳方式。在區塊鏈的世界也是這樣，區塊鏈系統中的每一個人都有機會參與記帳。

系統會在一段時間內（可能是十秒鐘內，也可能十分鐘），選出這段時間記帳最快最好的人，由這個人來記帳。他會把這段時間資料庫的變化和帳本的變化記在一個區塊（Block）中，我們可以把這個區塊想像成一張紙，系統在確認記錄正確後，會把過去帳本的數據指紋鏈接（Chain）到這張紙上，然後把這張紙發給整個系統裡面其他的所有人。

然後周而復始，系統會尋找下一個記帳又快又好的人，而系統中的其他所有人都會獲得整個帳本的副本。這也就意味著這個系統每一個人都有一模一樣的帳本，這種技術我們稱之為區塊鏈技術（BlockChain），也稱為分布式帳本技術。

由於每個人（電腦）都有一模一樣的帳本，並且每個人（電腦）都有完全相等的權利，因此不會由於單個人（電腦）失去聯繫或當機，導致整個系統崩潰。

既然有一模一樣的帳本，就意味著所有數據都是公開透明的，每個人可以看到每一個帳戶上到底有什麼數字變化，它非常有趣的特性就是其中的數據無法篡改。

因為系統會自動比較，會認為相同數量最多的帳本是真的帳本，少部分和別人數量不一樣的帳本是虛假的帳本。在這種情況下，任何人篡改自己的帳本都是沒有任何意義的，因為除非你能夠篡改整個系統裡面大部分節點。

　　如果整個系統只有五個、十個節點也許還容易做到，但是如果有上萬個甚至上十萬個，並且還分布在網際網路上的任何角落，除非某個人能控制世界上大多數的電腦，否則不太可能篡改這樣大型的區塊鏈。

・　**要素**

　　結合區塊鏈的定義，我們認為必須具有如下四點要素，才能被稱為公開區塊鏈技術，如果只具有前三點要素，我們將認為其為私有區塊鏈技術（私有鏈）。

1. 點對點的對等網路（權力對等、物理點對點連接）；
2. 可驗證的數據結構（可驗證的PKC體系，不可篡改資料庫）；
3. 分布式的共識機制（解決拜占庭將軍問題及雙重支付）；
4. 納許均衡的博弈設計（合作是演化穩定的策略）。

・　**特性**

　　結合定義區塊鏈的定義，區塊鏈會現實出四個主要的特性：**去中心化、去信任、集體維護、可靠資料庫**，以上四個特徵會衍生另外兩個特徵：**開源、隱私保護**。如果一個系統不具備這些特徵，將不能視其為基於區塊鏈技術的應用。接著解釋各個特徵：

(1) 去中心化（Decentralized）

　　整個網路沒有中心化的硬體或者管理機構，任意節點之間的

權利和義務都是均等的，且任一節點的損壞或失去，都不會影響整個系統的運作，因此也可以認為區塊鏈系統具有極好的功能。

(2) 去信任（Trustless）

參與整個系統中的每個節點之間進行數據交換是毋需互相信任的，整個系統的運作規則是公開透明的，所有數據內容也是公開的，因此在系統指定的規則範圍和時間範圍內，節點之間不能也無法欺騙其他節點。

(3) 集體維護（Collectively maintain）

系統中的數據塊由整個系統中所有具有維護功能的節點共同維護，而這些具有維護功能的節點是，任何人都可以參與的。

(4) 可靠資料庫（Reliable Database）

整個系統將透過分數據庫的形式，讓每個參與節點都能獲得一份完整資料庫的拷貝。

除非能夠同時控制整個系統中超過 51％的節點，否則單個節點上對數據庫的修改是無效的，也無法影響其他節點上的數據內容。

因此參與系統中的節點越多和計算能力越強，該系統中的數據安全性越高。

(5) 資源公開（Open Source）

由於整個系統的運作規則必須是公開透明的，對於程式而言，整個系統必定會是資源公開的。

(6) 隱私保護（Anonymity）

節點和節點之間是*毋需互相信任*的，因此節點和節點之間*毋需公開身分*，在系統中每個參與的節點，隱私都受到保護。

·　區塊鏈意義之一：解決拜占庭將軍問題

區塊鏈解決的核心問題不是「數位貨幣」，而是在資訊不對稱、不確定的環境下，建立滿足經濟活動賴以生存的「信任」生態體系。這個問題稱之為「拜占庭將軍問題」，也可稱為「拜占庭容錯」或者「兩軍問題」。

這是一個分布式系統中進行資訊機交互時面臨的難題，在整個 Internet 中的任意節點都無法信任與之通信的對方時，如何能創建出共識基礎，來進行安全的資訊交互而毋需擔心數據被篡改。區塊鏈使用演算法證明機制，來保證整個 Internet 的安全，藉助它，整個系統中的所有節點能夠在去信任的環境下，自動安全的交換數據。

·　區塊鏈意義之二：實現跨國價值轉移

Internet 誕生最初，最早核心解決的問題是製造資訊和傳輸

資訊，我們可以透過 Internet 將資訊快速生成，並且複製到全世界每一個有網路的角落，但是它始終不能解決價值轉移和信用轉移。這裡所謂的價值轉移，是指在 Internet 中每個人都能夠認可和確認的方式，將某一部分價值精確的從某一個地址轉移到另一個地址，而且必須確保價值轉移後，原來的地址減少了被轉移的部分，而新的地址增加了所轉移的價值。

這裡說的價值可以是貨幣資產，也可以是某種實體資產或者虛擬資產（包括有價證券、金融衍生品等），這操作的結果必須獲得所有參與方的認可，且其結果不能受到任何一方的操縱。

在目前的 Internet 中，有各種各樣的金融體系，也有許多政府銀行或第三方提供的支付系統，但是還是依靠中心化的方案來解決。所謂中心化的方案，就是透過某個公司或政府信用作為背書，將所有價值轉移計算放在一個中心伺服器（集群）中，儘管所有的計算也是經由程式自動完成，但是卻必須信任這個中心化的人或者機構。

透過中心化的信用背書來解決，也只能將信用侷限在一定的機構、地區或者國家的範圍之內。由此可以看出，必須要解決的根本問題就是信用，所以價值轉移的核心問題是跨國信用共識。

在如此紛繁複雜的全球體系中，要憑空建立一個全球性的信用共識體系是很難的。由於每個國家的政治、經濟和文化情況不同，希望兩個國家的企業和政府完全互信是幾乎做不到的，這也就意味著無論是以個人或企業政府的信用進行背書，跨國之間的

價值交換即使可以完成，也有著巨大的時間和經濟成本。

　　但是在漫長的人類歷史中，無論每個國家的宗教、政治和文化如此不同，唯一能取得共識的是數學（基礎科學）。因此，可以毫不誇張的說，數學（演算法）是全球文明的最大公約數，也是全球人類獲得最多共識的基礎。如果我們以數學演算法（程式）作為背書，所有規則都建立一個公開透明的數學演算法（程式）之上，就能讓所有不同政治文化背景的人群獲得共識。

· 未來的發展

　　Internet 使得全球之間的互動越來越緊密，伴隨而來的就是巨大的信任鴻溝。目前現有的主流資料庫技術架構都是私密且中心化的，在這個架構上，永遠無法解決價值轉移和互信的問題。區塊鏈技術有可能成為下一代資料庫架構，透過去中心化技術，將能夠在大數據的基礎上完成數學（演算法）背書、全球互信這個巨大的進步。

　　區塊鏈技術作為一種特定分布式存取數據技術，透過網路中多個參與計算的節點共同參與數據的計算和記錄，並且互相驗證其資訊的有效性（防偽），從這一點來看，區塊鏈技術也是一種特定的資料庫技術。

　　Internet 剛剛進入大數據時代，從目前來看，大數據還處於非常基礎的階段。但是當進入到區塊鏈資料庫階段，則將進入具有強大信任背書的大數據時代，這裡面的所有數據都獲得堅不可

摧的品質，任何人都沒有能力也沒有必要去質疑。

我們現在正處在一個重大的轉捩點上——和工業革命所帶來的深刻變革幾乎相同的重大轉折的早期階段；不僅僅是新技術指數級、數位化和組合式的進步與變革，更多的驚喜也許還會在我們前方出現。

在未來二年內，整個地球增長的電腦運算力和記錄的數據，將會超過所有歷史階段的總和。在過去的 24 個月裡，這個增值可能已經超過了 1000 倍，這些數位化的數據資訊，還在以比「摩爾定律」更快的速度增長。

區塊鏈技術將不僅僅應用在金融支付領域，而是將會擴展到目前所有應用範圍，諸如去中心化的微博、微信、搜索、租房，甚至是叫車軟體都有可能會出現，因為區塊鏈將可以讓人類無地域限制的、去信任的方式來進行大規模協作。

我們這一代將很可能幸運的經歷人類歷史上兩個最讓人吃驚的事件：地球上的所有人和所有機器透過區塊鏈技術，以前所未有的互信展開空前的大規模協作；其次就是由此真正的人工智慧將被創造出來，這兩個事件將會深深改變這個世界的經濟發展模式。創業者、企業家、科學家以及各種各樣的程式設計師，將利用這個充裕的世界去創造能讓我們震驚和快樂的未來。

區塊鏈被《經濟學人》雜誌稱為「信任機器」（Trusted Machine），是一種創新的、以分布式、去中心化、公開透明及不可以偽造的數據儲存技術，它的最大特徵是建立信任。

在 2008 年有位使用筆名為中本聰的匿名者，在各社交平臺發布《比特幣白皮書》，在白皮書中首先提出「區塊鏈」概念，在 2009 年創立了比特幣社會網路，並開發出第一個區塊，即「創世區塊」，正式發行比特幣。

比特幣運用區塊鏈技術，使用共享價值體系的概念，成功發行後，逐漸被人們接受。隨後有越來越多的人與組織開始效仿比特幣的區塊鏈概念，開發各種加密貨幣，並在工作量證明上和演算法上進行改進。如採用權益證明和 Scrypt 演算法，讓加密貨幣成為各種區塊鏈應用的交易媒介。

從 2008 年迄今，多年來區塊鏈生態系統在全球不斷進化，並出現了首次的代幣發售 ICO ——智慧型合約區塊鏈：以太坊。以太坊是 2012 年由一位年方 19 歲的俄羅斯年輕人 Vitalik Buterin 所提出來的區塊鏈應用新概念，強調「**輕所有權、重使用權**」的資產代幣化共享經濟主義。目前，人們正利用以太坊這一共享價值體系，在各行各業中開發去中心化電腦程式，在全球各地建構去中心化的自主組織和社群。

現在讓我們簡單的用一句話來形容什麼是「區塊鏈」，好讓大家秒懂「區塊鏈」吧！

所謂的「區塊鏈」，就是在 Internet 世界中，向全世界公開記事、記帳、合約內容，並存放在各個礦場中，以確保資料不會被竄改或竊取的一種技術。

隨著現代移動支付的普及，人們用錢包裡的錢來買東西的行

為越來越少見。現在的人要不是掏出手機掃一掃商家的條碼，就是拿出手機出示條碼讓商家掃一掃。

臺灣還有很多人脫離數位時代太久，面對現在社會快速數位化，肯定要大吃一驚。在中國大陸各處大街小巷，人們只需掏出手機，就可以買下任何東西或做各種交易。臺灣則有很多人認為只要打開手機就可以拿走東西，不需要有人付現金，這該多麼危險又沒有保障。說到這裡，沒有經歷過這些改變，真的無法理解為何交易不使用現金。

在數位化世界裡，網際網路上操作任何程式或處理事情，其實都是一連串的數字組合而成的。所以現在的交易買賣用一串加密數字來完成，也是水到渠成的結果。對應到現實生活中，現在所使用的鈔票，其實也是一個數字與編碼，只是它變為一張張的紙幣，以前的人身上都要放著鈔票，好做各種交易。

很多人認為把財富變成數位化有多麼不可靠，請大家再想一想，雖然紙鈔錢幣放在手裡真實存在，但相信很多人都有換到假錢或嘗到貨幣貶值的經驗，所以使用鈔票的風險其實比加密貨幣還高。拿股票來說，很多人會認為買股票是最好的投資，但當股票下市時，投入的資本就全部歸零了。

現在的人類社會裡，數位化貨幣真實發生了。大部分的人把錢都存在銀行裡，得到只是一串相對應的數字。這串數字顯示在手機、電腦設備裡，銀行用戶只需要利用自己手機找到對應在銀行上的數字，就可以利用手機在這個世界裡進行任何交易了。

　　如果大部分人類都習慣使用數位交易，那麼現在還在市面上流通的真實紙幣是否很快就會消失？臺灣有一家銀行叫王道銀行，就沒有在大街小巷設立實體分行，銀行用戶只能透過 Internet 洽辦各種業務，當不再有人使用紙幣交易時，相信你我很快就會看到沒有銀行分行了。

　　當區塊鏈盛行後，或許銀行就沒有存在的必要了，因為人類社會只需要運用區塊鏈就夠了。這個區塊鏈，能夠公平無害的發行各種加密貨幣，作為各種交易的媒介，並為大家記帳及處理各種信託、借貸與理財。也就是透過一個布滿全球的區塊鏈，來取代現存的銀行業，把人與銀行間或銀行與銀行間的層層剝削減到最低，讓更多優秀的金融人才轉換工作，到其他的領域去為人類社會提供更好的服務。

　　在區塊鏈技術中，因為運用去中心化，加上所有數據不可被竄改及盜印，所以做為交易的加密貨幣，數量永遠不變，發行了多少就是多少，連在交易時用了多少，都是公開可以查詢的，更不易存在內部的交易祕密。可想而知，也就不存在如現行紙幣的通貨膨脹、通貨緊縮等不良經濟現像。

　　未來的世界根本就不需要紙幣，很快大家只會在意放在電子錢包上一串又一串數字的變化，這就是新潮價值的創富區塊鏈。

Q11. 什麼是 ICO ？

　　所謂 ICO（Initial Coin Offering），按字面意思來解釋是「加

密貨幣首次公開募資」，簡言之就是用加密貨幣公開發起眾籌。其概念拷貝自股票市場的 IPO，是指企業或非企業組織應用區塊鏈的技術發行代幣，向投資人募集加密貨幣（一般使用比特幣或以太幣）的融資活動。

簡單的說，ICO 就是運用區塊鏈技術對大眾發起的眾籌。ICO 是一種獨特的眾籌融資方式，是以特別方式、透過特殊的媒介、對特定的項目的眾籌融資。

首先，ICO 發起的眾籌是給予投資者使用權而不是所有權。IPO 是發行股權，代表擁有企業的所有權；而 ICO 發行的是項目 Token（代幣），代表的是項目的使用權。從所有權到使用權的轉變，可以清楚看出數位化社會中越來越重視使用權而忽略所有權的大趨勢，像共享經濟大行其道，便是這種趨勢的最好詮釋。

- **ICO 不是發行股票**

假設投資人透過 IPO 買了股票上市的某建設公司股票，如果投資人 A 女士想要購買這家 B 建設公司新蓋好的房子，A 女士是無法直接用 B 公司的股票來交換 B 公司的房子。如果 A 女士不想另外拿錢來向 B 公司買房子，那麼 A 女士必須經過以下程序，才能向 B 公司買房子：

1. 先到股票交易所提出申請賣出；
2. 等到某人 C 先生向股票交易所提出要買 A 女士的股票；
3. A 女士及 C 先生要在特定交易所繳交一定的手續費及稅

金，才能完成股票買賣手續；

4. A 女士把股票賣掉後換成現金；

5. 最後 A 女士有了現金才能向 B 公司買房。

以上例子可以看出，A 女士明明有 B 公司的所有權，但卻沒有使用權。與 IPO 相比，ICO 創新的把使用權和貨幣功能合而為一，當投資人用現金或等值的比特幣或以太幣買入某項目 ICO 發行的項目代幣，就代表投資人擁有了該項目使用權。

項目發行方透過這種方式融資，推動項目發展，項目代幣的價格也會隨著項目的升值而水漲船高。代幣擁有者可以選擇行使他的使用權，即消費代幣，或者透過現有的加密貨幣交易所，轉讓項目代幣以獲得差價盈利。代幣天生具有虛擬貨幣屬性，交易流通性和便利性遠大於股票。

正由於區塊鏈的創造信任，賦予了 ICO 不同於 IPO 的特點，所以可以說區塊鏈造就了 ICO，使 ICO 擁有了無比魅力。

金融活動裡最難克服的問題，是資訊不對稱引起的信任問題，而現有的金融體系大多是為了解決這個關鍵難題而設立。比如使用共享單車需要交押金，因為資訊不對稱，提供者擔心用戶偷走或者損壞單車無法求償；又比如 IPO 前聘請會計和審計師，是為了確保財務報表真實準確，提高可信度；再比如證監會，是為了維護公平公正的證券活動，打擊欺詐虛假等不法行為。

如果在數位世界裡，一切都是真實公開透明，資訊完全對稱，沒有虛假和欺詐，在這樣一個可以完全信任的世界裡，共享

單車還需要押金嗎？還需要會計師和審計師嗎？需要證監會來維護公正公平打擊欺詐嗎？

創富區塊鏈技術就是用來解決 ICO 項目的信任問題，ICO 項目採用開源式組織結構，實行社區共識治理模式，既開放又透明的使用募集過來的大部分資金。社區的「憲法」是用數學模型和演算法展現的最高約束準則，它自動維護，不需要法院和監管機構。在這樣由區塊鏈技術營造出來的「信任的世界」，讓 ICO 比 IPO 高效簡單，其根源就在於創富區塊鏈所帶來的無償信任。

相對 IPO 的昂貴而漫長，ICO 高效且便捷的特點尤其明顯，ICO 是技術創新驅動融資方式變革的有益探索型態。

在全球擁有 10 億用戶的通訊軟體「Telegram」，2018 年 2 月 19 日獲得了 8.5 億美元的投資。一般來說，公司想要獲得如此大規模的投資時，往往會透過發行股票或債券，但該公司只發行了名為「Grams」的虛擬貨幣。這種利用發行虛擬貨幣模仿普通公司透過上市，利用首次公開募股即 IPO 募集股東資金的做法被稱為 ICO。如果企業經營良好，虛擬貨幣價值上升，投資者就可以將手中的虛擬貨幣出售，進而獲取利潤，與股票的道理相同。

隨著越來越多像「Telegram」一樣透過發行虛擬貨幣募集巨額投資，國內外企業對 ICO 的關注度也日漸高漲。「Coinschedule. com」網站顯示，在去年全球的投資市場，企業透過 ICO 籌集的資金超過 37 億美元，相當於去年美國紐約股市 IPO 總規模（356 億美元）的十分之一，足以看出 ICO 的成長速度之快。

世界上第一個開發出移動支付系統的 Danal 公司認為，ICO 毋需經過有實質的交易所發行，也毋需利用法定貨幣或國家擔保，並且不用繳納交易費用，因此 ICO 可以用虛擬貨幣資本主義取代現在的股東資本主義，擁有諸多優點。

不過 ICO 在國外雖然發展勢頭迅猛，在臺灣的情況卻非常不同。臺灣大部分的人仍認為 ICO 存在很高的詐騙風險，如果擁有優秀的經營模式，完全可以透過公開募股等合法方式在公開市場上籌集到足夠的資金。

目前在全球主要經濟體中，公開禁止發行 ICO 的只有韓國和中國，瑞士則是全球最為支持 ICO 的國家。瑞士的金融市場監督管理局（FINMA）表明支持 ICO 市場，並積極推動新的區塊鏈技術發展，還發布了指導原則，好讓各個企業知道該如何遵守反洗錢和證券法規。

因為政策的支持，瑞士成了全球最熱的 ICO 發源地，不少國外團隊計畫到瑞士進行首次代幣發行，根據《金融時報》的報導，FINMA 已經收到了 100 多份指導申請書。

ICO 運用共享經濟的型態，讓達不到融資門檻的創業者，透過分享利潤獲得項目資金的公開籌募資金；簡單的說，可以理解為一種以物易物的行為，以虛擬的方式進行，由於投資報酬率可能相當可觀，已成為炙手可熱的新網紅投資項目。

市面上的 ICO 有三種不同的形式：

第一種是**應用代幣**，可以看成是虛擬商品的預售，用於支付

區塊鏈的服務費用，未來區塊鏈服務發展良好，代幣需求及價格便會相對應增加，投資者透過溢價獲利。

第二種是**權益代幣**，用於持有區塊鏈應用的股份，享有收益分紅。

第三種是**債券代幣**，為了補充應用代幣流動性不足而發行，性質類似債券。

ICO 目前成功的案例有以太坊、螞蟻區塊鏈、THE DAO 等等，新創區塊鏈公司選擇以 ICO 方式募資，因為 ICO 有以下幾點優勢：

1. 去仲介化，不需要 IPO 上市審批，不受繁瑣機構管制，ICO 眾籌成功後不需要持有禁售期，簡單的說，沒有機構監管。

2. 回報率極高，投資人參與熱烈。以太幣今年以來漲幅 30 倍，讓投資人趨之若鶩。

3. 流動性高，一旦 ICO 眾籌成功，參與的投資人可領得發行代幣，並在市場上流通。而傳統 VC（風險投資）到 IPO 出場往往需要 3 到 5 年以上時間。

根據高盛數據顯示，截至目前為止，在區塊鏈新創圈 ICO 投資資金已超過創投，估計 2018 年集資金額已超過 20 億美金；超過 250 家區塊鏈團隊完成 ICO，其中 55％都發生在 2017 年 7 月之後。如此多的區塊鏈企業及資金湧向 ICO，除了 ICO 本身

的吸引力，部分是市場帶來的盲目跟風。隨著 ICO 猛爆成長，適法性及過度融資成為必須注意的風險。

現行各國政府對 ICO 籌資及加密貨幣的看法都不盡相同，中國針對 ICO 問題，由中國人銀、銀監會等主管機關發布代幣融資風險公告，稱 ICO 本質是一種未經批准公開融資的行為。韓國則是加強監管 ICO 融資，未明確定位 ICO 適法性，表示將嚴懲 ICO 融資平臺。美國及加拿大則是採取中立態度，美國將數位代幣視同金融商品，而加拿大則是 ICO 納入監管沙盒，並將 ICO 確定為證券。愛沙尼亞則是積極以 ICO 方式推動國家的加密貨幣，作為推動數位公民計畫的一部分。

金融科技的發展正在風尖浪頭上，金管會主委日前在質詢中表態對發行 ICO 持開放態度，值得我們拍手慶賀。FinTech 是無國界產業，若能採開放態度讓我國技術輸出，讓成本大幅下降，有利站穩世界市場，並掌握臺灣金融自主權。

思考未來 ICO 市場成長後，採用合宜彈性的監管作為，監督 ICO 發行項目真實及可靠性等作為，將能有效降低系統風險。

第二章
區塊鏈＋加密貨幣的新時代來了

　　因為加密貨幣與區塊鏈的廣泛流行與應用，加速讓人類從共產主義與資本主義的百年爭議中，找到了更符合人性、更公平的做法。讓人與人之間不再是相互剝奪，或是落到層層剝削的惡性循環中，而是利用共享經濟的方式，來解決人類的社會資源的分配問題。

　　共產主義與資本主義是人類突破封建思想後，邁入民主思潮的兩個分岔點，都是為了解決社會資源分配不公問題而衍生的新思想，這兩個主義經過 100 多年的實踐，都被發現存有嚴重的缺失，已證明並不符合人性。

　　區塊鏈綜合了兩者的優點，去除掉兩者的缺點，形成了一個新的主義──**共享經濟主義**，在健全的規則中，讓所有加入的群體在公平互惠條件下，鼓勵每一個人積極向上，創造個人財富最大化，最後依照貢獻度，讓大家見者有份，而不是一人獨得。

 ## 第一節 區塊鏈特殊之處

　　有了以上這些基本概念，接下來我們再看看它的特殊性：

1. 數據人人可查；

2. 數據人人可寫；

3. 數據人人可備份。

中心化的好處在於有一個統一的中心，替我們做了很多管理工作，對個體而言顯有諸多便利。但是由於居中的管理者仍然是有血、有肉、有欲望的人所組合而成，難免造成各種弊端，譬如被盜領。你的財富其實不歸你所有，而是交由銀行業者近乎無償運用，任由他們拿你的錢四處放款得高利。當你想用錢時，還得聽他們的規定，才能拿來使用，有一天當他們宣布倒閉時，你又能取回多少？

 ## 第二節 什麼是區塊鏈

1. 分布式結構

區塊鏈建構在分布式網路基礎之上，帳本並不是集中存放在某個伺服器或數據中心，也不是由第三方權威機構來負責記錄和管理，而是分散在網路中的每一個節點，每一節點都有一個該帳本的副本，所有副本同步更新。

2. 信任機制

區塊鏈技術透過數學原理和程式演算法，使系統運作規則公開透明，讓交易雙方在不需要藉助第三方權威機構信用背書下，

透過達成共識建立信任關係。

3. 公開透明

區塊鏈對其上的節點可以做到開放、透明，任何人都可以加入區塊鏈，也能查詢區塊鏈上的區塊記錄。同時所有用戶看到的是同一個帳本，能看到這一帳本所發生和記錄的每一筆交易。

4. 時序不可篡改

區塊鏈採用帶有時間戳的鏈式區塊結構儲存數據，具有極強的可追溯性和可驗證性，同時由密碼學演算法和共識機制，保證了區塊鏈的不可篡改性。

 第三節 區塊鏈技術的展望

建立信任並快捷交易，是區塊鏈技術的最重要價值展現。從本質上來說，但凡可以用代碼表達的交易，都可以用區塊鏈技術來實現。

區塊鏈技術改變信用產生機制的功能和去中心化的特徵，對傳統行業、交易方式和商業模式將帶來顛覆性影響。

第四節 區塊鏈技術應用

　　區塊鏈技術最為知名的應用當屬比特幣，其產生的影響和衍生的應用，正在迅速蔓延 . 再來是以太坊技術，點對點的電子貨幣交易已使比特幣瘋狂升值。

　　區塊鏈可以從本質上提升金融業的效率，創造新的價值鏈接和商業模式，區塊鏈顛覆的並非金融本質，更多的是顛覆金融的實現形式；在數位貨幣、支付清算、智能合約、物聯網交易等金融領域擁有廣泛應用前景。

　　未來區塊鏈技術切入的行業會越來越多，其中包括國際貿易、身分驗證、版權交易、公證、保險、交通出行、電子病歷、藥品防偽、產業整合，甚至行政管理等。

　　區塊鏈技術給人們描繪的一個未來的場景是，所有交易同步快捷，個人隱私受到保護，「無仲介」信任時代到來，「機器產生的信任」成為驅動這個世界前進的重要方式。

第三章
站在風口的豬也會飛

 第一節 飛豬理論

在這個千變萬化的世界裡，不是自己有多厲害，或是擁有扭轉乾坤的超強能力，時勢造英雄易，英雄創時勢難。

只要站對了風口，就算笨豬也會飛。隨著創富區塊鏈時代來臨，各行各業，尤其是傳統產業，更是可以藉此良機積極尋找風口，期待早日成為下一個「飛豬」。當然這不表示在空中飛的豬就可以不勞而獲，只有飛得久，笨豬的努力才會有成功的機會。

「風口」才是成功的真正關鍵，如果一隻努力的豬不看清楚風口在哪裡，只是一昧的埋頭苦幹，成功的機率將會比別人低。臺灣俚語「天公疼憨人」的深層意思，也是在警示我們做人、創業憑靠的不是自己有多聰明、多厲害，想要成功發達就要順天而行。現在時代文明的進程已經走到區塊鏈這個風口，如果我們不懂得掌握大好時機，錯過這一波，那就太可惜了。

唐・泰普史考特（Don Tapscott）和亞力士・泰普史考特（Alex Tapscott）父子合著的《區塊鏈革命》，開宗明義就告訴大家，「區塊鏈」將帶來翻天覆地的大變革。從政府單位到各行各業，只要善用區塊鏈，都可以為我們帶來巨大無比的好處，這

是只有先知先覺才能享受到的風口。

　　第一代數位革命帶給我們資訊豐富的網際網路，以區塊鏈技術為基礎的第二代數位革命，則帶給我們充滿價值的網際網路。區塊鏈是一種精簡的革命性協定，兼顧了匿名與資訊安全，這項科技不但催生了含比特幣在內的多種數位貨幣，發展潛力更是無窮無盡。有幸讀到本書的讀者們，歡迎你加入創富區塊鏈，更讓共享經濟的思維，創造出更多、更成功的大創業家。

 ## 第二節 5G 通訊世代來了

　　隨著通訊技術邁入 5G 新世代，更快、更即時的各種區塊鏈應用技術，將會因 5G 通訊排山倒海而來。

一、5G 結合區塊鏈改變世界

　　如果說 4G 改變了人與人之間的連接方式，那麼 5G 就改變了「人與物」及「物與物」的連接方式。5G 時代，傳輸速度是 4G 的 100 倍以上，但這並不是 5G 的全部。在 2G － 4G 時代，本質上還是人連人，5G 除了人連人，更要實現人連物、物連物、物連人。

　　未來世界中的智能家居、智慧城市、智能汽車、自動駕駛車及智能機器人等，將全部建築在 5G 這條資訊高速公路上。關於 5G 的美好願景是：未來 5G 將以用戶為中心，建構全方位的資訊

生態系統。

5G 將使資訊突破時空限制，提供極佳的交互體驗，為用戶帶來身臨其境的資訊盛宴。5G 將拉近萬物的距離，透過無縫融合的方式，便捷的實現人與萬物的智能互聯。5G 將為用戶提供光纖般的接入速率，零時差的使用體驗，千億設備的連接能力，超高流量密度、超高連接數密度和超高移動性等多場景的一致服務，業務及用戶感知的智能優化。同時將為網路帶來超百倍的能效提升和超百倍的成本降低，最終實現「資訊隨心至，萬物觸手及」的總體願景。

5G 技術是對 4G 技術的一次全面革新，在速率、連接數、時延三個方面有巨大改善。這三個方面分別對應 5G 提出的三個核心應用場景：

1. 增強移動寬頻（eMBB）；

2. 海量機器通信（mMTC）；

3. 超高可靠低延時通信（uRLLC）。

其中，eMBB 主要帶來的改進是移動連接速率的大幅改善，峰值速率（從 1Gbps 提升到 10Gbps-20Gbps）和用戶體驗速率（從 10Mbps 提升到 100Mbps-1Gbps），在保證廣覆蓋和移動性的前提下為用戶提供更快的數據速率。頻譜效率提升 3 至 5 倍，降低了運營商提供流量的單位成本。mMTC 主要針對傳輸速率較低、時延容忍度高、成本敏感且待機時間超長的海量機器類通訊，是當下物聯網的進化版本；連接密度每平方公里超過 100 萬，電池

壽命超過 10 年,為今後大規模的物聯網發展提供可能性。

uRLLC 主要針對特殊的應用場景,這些場景對網路的時延和可靠性有著特殊的要求,如工業控制、車聯網等。在 5G 的技術標準下,用戶層面的時延要控制在 1ms 之內,這樣才能滿足特殊場景作業的需求。

二、5G 帶來服務的變化

1. 改進現有服務

主要是增強手機無線寬頻,進一步提升手機運營商提供無線流量的能力,在數據速率和流量容量上,大幅提升營運商的服務能力。

2. 拓展新服務

海量物聯網的連接,讓用戶向物聯網和垂直行業有更好的應用,低延時、高可靠,擴展特定應用場景的服務範圍。5G 帶來的轉變是讓所有用戶在物聯網和特定應用上有更好、更快的效益,大大增強移動網路的實用性和應用範圍,讓人與物的資訊交換更為精準,進而帶來各行各業更為便捷、即時的應用。

上述三大應用模式,分別對應著以下不同的實際應用。

(1) eMBB 針對的需要大流量應用模式

有 3D/4K 等格式的超高清視訊傳輸、高清語音(或多人高

清語音或視訊）、更先進的雲服務、AR/VR 等；簡言之，5G 上市後，在 5G 手機下載一部 4K 級的電影只要幾秒鐘就能完成。

(2) mMTC 對應的應用模式

主要是物聯網目前涵蓋的範圍，包括智能家居、智能交通、智慧城市等。

(3) uRLLC 應用模式

包括工業自動化、自動駕駛、移動醫療等。此外，車聯網是 5G 技術目前最主要的應用場景之一，因為對網路的低時延、高可靠及數據速率都有較高的要求。車聯網（V2X，X：車、路、行人、網際網路資訊等），即將車輛與網際網路進行連接的技術手段，車輛採用自動駕駛技術，需要及時對大量資訊進行處理，並和其他主體（包括其他車輛、路況、人和網際網路）進行即時的資訊交換。在車聯網應用中，僅有自動駕駛技術對網路的要求最為嚴苛，也是迫切需要 5G 解決的部分。

自動駕駛技術需要對車輛、路況、行人等資訊進行即時處理，對網路的時延和可靠性要求較高，而目前的 4G 網路無法完全滿足需求。此外，4G 網路數據速率已經可以部分支持車聯網的需求，但自動駕駛技術的研發同樣會影響該應用的商用進度。

VR 和 AR 是 5G 技術的另一個主要應用場景，可以讓 VR 和

AR 在 5G 技術下的應用場景更加豐富，加速走向大規模商用的階段。其次，VR 技術目前並沒有對移動性有強烈的需求，所以固定寬頻網路會成為移動網路強有力的競爭對象，尤其是固定寬頻網路流量的單位成本更低，在大流量的場景下顯得更為經濟。

AR 場景雖然對移動性有一定的要求，但是 AR 場景需要的數據速率相對較低，目前的 4G 網路已經可以承擔部分的需求。另外，高清視訊（3D/4K 等格式）也將是 5G 技術中另一大應用場景，能為用戶提供完整的網際網路服務和較好的用戶上網體驗，所以 5G 技術在終端用戶層面提供改進，瞄準了未來有希望爆發的大流量應用場景。

通信網路是終端與終端、終端與伺服器、人與人之間互連的管道，可類比為公路、鐵路，「要想富先修路。」路修起來了，上面跑的車和業務量就多起來了。

因此在每次網路更新換代的時候，管道得到加寬升級，相關下游應用也變得更加豐富了。2G 只有語音和文字，3G 有了圖片且出現了微博等，4G 多了視訊湧現了直播、線上視訊等。相較於 4G，5G 除了繼續加強人與人的 eMBB，還增加了 mMTC、uRLLC 等兩個應用。

5G 時代，除了人與人通信，還增加了人與物、物與物的智能互聯通信，打開了海量的終端連接市場，同時增加了高清視訊、VR/AR、車聯網、智慧城市、無人駕駛、無人機網路、大規模物聯網等各種應用場景市場。

其次，繼續加強人與人的移動寬頻通信，有望出現視訊通話、全息視訊通話、VR/AR 互動等應用。5G 帶來了工業用高速網路、智慧城市、智慧醫療、自動駕駛、AR/VR 內容等通信應用模式。這些都會與區塊鏈技術相結合，有了 5G，可以預見產業大變革在即。結合 5G 高速通信技術和安全技術，區塊鏈技術更將對大數據、物聯網、網際網路金融等領域產生顛覆性影響。

區塊鏈技術是比特幣的載體，隨著區塊鏈技術嚴謹的認證演算法和追述體系被各行各業逐步認可和論證，更讓區塊鏈成為金融科技領域最炙手可熱的技術。

三、創富區塊鏈技術將和 5G 技術結合，產業大變革在即

結合 5G 等高速通信技術和安全技術，創富區塊鏈技術將對大數據、物聯網、網際網路金融等領域產生顛覆性影響。

創富區塊鏈技術本身是比特幣技術的衍生品，但隨著創富區塊鏈技術嚴謹的認證演算法和追述體系被逐步認可與論證，近年來，創富區塊鏈已經成為金融科技領域最炙手可熱的技術。

第三節
「創富區塊鏈＋」的新技術將影響商業發展

隨著 5G 標準塵埃落定，2018 年將成為物聯網大規模商用的肇始元年，商業基礎設施的升級進步必然推動商業的演變進化。

以去中心化、公開透明、每個人均可參與資料庫記錄為特點的區塊鏈技術，使得網路交易信用得到更可靠的保證，將從支付、貿易、保險等以信用為核心的產業逐步滲透擴張，直到大多數行業都被「創富區塊鏈＋」，未來它對商業的影響將是全方位的。

摩根大通證券公司戰略副總裁兼區塊鏈戰略負責人 Vijay Mayadas 在接受媒體採訪時表示：「當 5G 時代來臨，物聯網和自動化駕駛開始變得更加普及，這時創富區塊鏈或將成為記錄交易資訊，和維持對這些應用程式信任的基礎分類帳。」

訪問調查顯示，全球 86％的受訪企業表示曾遭受過欺詐行為，但現在已有越來越多行業，應用創富區塊鏈技術來做為遏制欺詐行為的理想解決方案。國際上已有很多銀行轉向運用創富區塊鏈技術，防止貿易融資行業的欺詐風險，而光是貿易融資行業的規模就達 4 兆美元。不僅如此，IBM 調查顯示，在全球 200 家銀行中，有 34％的受訪者認為創富區塊鏈的發展勢不可當，並最終將在 2020 年涵蓋其所有的銀行服務。

第四節
「創富區塊鏈」翻轉舊世界──重新定義財富

在未來 10 年，隨著 5G 通訊普遍化，結合 AI 將使各行各業更廣泛運用創富區塊鏈技術創造更多財富。以往網際網路世界帶來資訊的流通，伴隨著創富區塊鏈技術的到來，將會帶來更大的

財富流通。區塊鏈技術對人類社會的衝擊，在於它從底層顛覆了人類對財富的認知，人類的財富從資產貨幣化到資產證券化再到現在的資產數位化，因為區塊鏈技術，翻轉了舊世界，重新定義新規則。

人類從以物易物開始，就不斷挖掘商業文明的火種。首先創造貨幣這種一般等價物，讓資產有了價值尺度，進而開始資產貨幣化；從此，人類有了黃金，有了白銀，有了紙幣。而後，金融市場的繁榮又帶來資產的證券化，實現了資產的增值與轉化，人類不再以持幣為榮，而是將貨幣轉化為股權、債權。如今，創富區塊鏈技術將資產數位化，財富形態悄然改變。

一、創富區塊鏈將是財富最好的保險金庫

創富區塊鏈技術對人類社會的衝擊，在於顛覆了人類對財富的認知。截至目前為止，人類的財富計算，分成以下三個進程：

資產貨幣化→資產證券化→資產數位化

因為創富區塊鏈技術，讓財富的計算方式發生了史無前例的變革，無可存疑。

創富區塊鏈將成為財富最好的保險金庫。為何呢？

1. 比特幣已成功證明財富可以數位化

在未來，有車有房已經不新鮮，有比特幣才是潮流，比特幣如今已成為財富的象徵。

2. 從資產貨幣化到資產證券化

人類財富的第一次飛躍是資產貨幣化。所謂資產貨幣化，就是讓人們的各種非貨幣資產，得以經由轉化變成貨幣資產。比如臺東山上一棟占地 300 坪的房地產，儘管名義上屬於資產，可是估值很低，變現能力也很差；但假如這棟老房子是在臺北信義區內，那麼人大多會認為這棟房子值很多錢。

一樣的房子，在不同的地方，就會有不同的財富價值，這就是資產貨幣化的魔力。因此只要納入貨幣體系中，資產便有了價格，就能進入市場參與流動，進而實現個人財富的積累。貨幣毫無疑問是人類史上最偉大的發明之一，貨幣解放了人類，讓人們更容易積累財富，並且幫助人們更加容易創造和積累財富。因為有了貨幣，各種資產才能成為財富。

財富的第二次飛躍是資產證券化。當每個人都想擁有更多貨幣時，過於緩慢的貨幣流通速度阻礙了人們對財富增值的渴望，於是 17 世紀的荷蘭創造性的發行股票融資，股票的發行激發了荷蘭人的交易熱情，紛紛買賣股票。1609 年荷蘭成立了世界上第一個股票交易所，從此，資產的證券化便成為了不可阻擋的趨勢。這是你無法想像的，把資產證券化。

華爾街曾放言：「**只要能產生穩定現金流的資產，我們就能把他證券化。**」貨幣的持有者紛紛透過投資將現金轉化為股票、債券等證券資產實現財富增值，這是現金資產證券化；公司以其名下的實物資產和無形資產為基礎，發行證券並上市獲得融資，

這是實體資產證券化；企業將欠流動性但有未來現金流的信貸資產組成資產池，並以此為基礎發行證券融資，這是信貸資產證券化；投資公司將證券或證券組合的未來收益作為基礎資產，再發行證券賺取收益，這是證券資產證券化。資產證券化拉開了財富的閘門，開創了一個金融時代。

個人不再迷戀手中的貨幣財富，而是紛紛將持續貶值的貨幣置換為股權、債權，透過金融市場賺取更多的被動收入；公司則擠破腦袋鑽進資本市場，力爭把自己賣個好價錢。資產證券化帶來資本市場的空前繁榮，當然，風險也不期而至。高槓桿帶來高風險，且不管市場多火熱，監管潑來一盆冷水，讓證券化的發展一直受到中心化機構的約束，帶著鐐銬跳舞。

3. 資產數位化

伴隨創富區塊鏈技術的發展，現在站在人類面前的是資產的第三次歷史性飛躍——資產數位化。過往，人類創造財富主要依靠土地、設備、勞動力……，但均受到資源有限性的制約，無法跳出思維侷限。數位空間因其無限可擴展性、無限可複製性、多維可塑造性，蘊藏著新財富的源泉。這種新財富我們稱之為創富區塊鏈，新財富的表現形式就是數位資產。

二、什麼是數位資產？

比特幣、以太幣等數位貨幣是數位資產，創富區塊鏈上登記

發行股票或債券，可以依靠智能合約點對點自主交易，也是數位資產；經過數位化處理的專利、版權、創意、信用等文化資產，也是數位資產。在區塊鏈時代，經濟革命最根本的意義，就是人類資產逐漸被數位化。

有一個名詞叫做「**數位孿生**」，即現實中有一個世界，虛擬也會對應的有一個世界。現實世界中有一個物質，虛擬世界也會相應的有一個數位化的物質，我們把它叫做 Token，中文翻譯為代幣。依靠創富區塊鏈技術，我們可以把現實世界的物質虛擬化，在虛擬世界中生成一個物質的加密代幣 Token。就像金本位制度一樣，任何一個物質或者一項權益，可以利用黃金來交換。

物權、股權、債權、其他產權和版權等實物資產或權益資產的交易模式，都將逐步成為數位貨交易的對象，成為數位資產，極大化的釋放流動性。以房產為例，最早是實物交付，後來是房契交付，再後來是登記轉移，在數位化時期則會依靠加密代幣 Token 進行數位化轉移。

再上升一個層次，每個人也可以數位化，暫且稱之為「信用本位」。比如一個人的信用和地位已經受到廣泛認可，也可以在虛擬世界中發行自己的加密代幣 Token；人們基於對人的信任，認購其加密代幣 Token，並且可以公開買賣。這種加密代幣 Token 可以是基於未來現金流的分紅，可以是一種長期債權，也可以什麼都不是，只要得到人們的認可。

除此以外，每一個組織也可以將自己數位化，最典型的組織

就是國家。據說普丁 2017 年夏天與以太幣創始人 Vitalik Buterin 會面之後，便萌生了製造「加密貨幣」的念頭，透過加密貨幣規避美國歐盟等西方國家的制裁。除了國家，這個組織也可以是學校、公司以及宗教。

當各種信用本位的加密代幣 Token 彙聚到市場，難免就產生競爭和衝突，此時法幣的作用便表現了，成為加密代幣 Token 的價值尺度，而這些加密代幣 Token 就是未來財富的真正表現。

 ## 第五節 真正的財富

創富區塊鏈技術對人類社會的衝擊，在於其從底層顛覆了人類對財富的認知。

什麼才是財富？有人會指著自己銀行卡的餘額、保險櫃裡的珠寶首飾、櫃子裡的房地產證件，一臉神氣說這就是財富。對不起，這些只能證明暫時擁有這些財富的掛名權，而從來沒有過財富的實際控制權。像是擁有的房地產，隨時可能被政策充公收繳，被限制交易，徹底失去流動性；擁有的存款在通貨膨脹面前，再多的存款也會變成一堆廢紙。

像二戰時期的德國馬克、1949 年的國民黨法幣、1974 年的越南貨幣……，貨幣財富轉瞬即逝，可能只是一夜之間。如今，大部分的貨幣資產都放在銀行等中心化機構中，你我在銀行裡的錢，其實都已不是你我的錢，而是銀行對你我的「負債」。

我們並不能保證總是能從銀行中取出我們的錢，也許某一天，銀行會突然通知我們每日的取現金額只有 5000 元，像是希臘銀行曾一度只允許每人每天取現 60 歐元。如果我們有天被誣陷了、被犯罪了，存在銀行帳戶裡的錢立即被凍結，我們辛苦數十年積蓄瞬間化為泡影。我們擁有珠寶黃金藏在家裡，不僅不易攜帶，同樣也會面臨不易變現及失竊的風險。

財富其實是一個很脆弱的東西，因為如今大多數的財富形式都有一個特點，需要一個第三方中心化機構來承認你我對財富的所有權，一旦這個機構不承認你我擁有這筆財富，那你我的錢就不是你我的錢了。

也許你覺得很不可思議，但其實這一直是人類社會的常態；俗話說：「發財容易，守財難。」所有需要第三方認證的財富，都有一個脆弱的邊界。

如果這時候我告訴你，比特幣才是真正的財富，你信嗎？

設想這樣一種場景，你的一切財產被剝奪，同時你被流放到異國他鄉，赤手空拳，無依無靠；然而此時你淡定從容，只需要在當地找到一臺能上網的電腦或者手機，憑藉你早已牢記在心的暗語，便可以用比特幣購買物品或轉化為當地的貨幣，而這一切都顯得那麼自然。

你不必處心積慮藏匿各種實體財富，也不需要得到任何第三方機構的認可，甚至你也可以不用擔心被行竊，你只需要一串數字（私鑰）就能實現對財富的掌控。如果你記性不太好，甚至可

以利用大腦錢包，將私鑰變成一句只有你知道的暗語，從此你的大腦便是你財富唯一的主人。

人類從沒實現過「私有財產神聖不可侵犯」，但區塊鏈可以做到去中心化的匿名機制，可以讓數位財富真正成為私人財富。

 ## 第六節 創富區塊鏈是財富最佳的棲息地

在可預見的未來，人工智慧和創富區塊鏈技術將共同推動人類財富表達方式的改變，人類的財富形式將逐漸從現實世界轉移到數位世界中，創富區塊鏈才是財富最佳的棲息地，這一切都是由區塊鏈本身的特點決定的。

1. 匿名化

財富也應有隱私權，儘管這種隱私權往往不被中心化的監管機構所認可。在現實世界中，人類購買資產時的產生的資訊又通常被販賣，進而淪為不良商家的行銷獵物，我們總是無法避免自己的財富被他人窺探。

但在創富區塊鏈的世界裡，數據交換的雙方可以是匿名的，網路中的節點毋需知道彼此的身分和個人資訊即可進行數據交換。也正是因為匿名化，導致創富區塊鏈也成為了黑資產的資產交易場所、政府監管的法外之地；在未來，交易匿名化與實名制監管的鬥爭也將越趨激烈。

2. 去信任化

在現實世界中，財富鬥爭往往是人與人之間的鬥爭，獲得信任、利用信任、辜負信任……，人類總是在重複圍繞財富的人性博弈，從古至今皆是如此。創富區塊鏈的偉大之處在於它將人與人之間的信任轉移到對機器的信任上，沒有感情，只有程式。創富區塊鏈將逐步壓縮人類過去因為信任問題而產生的多個中心環節，比如一些仲介機構，不要相信人性，要相信機器和程式。

3. 去中心化

人類因為中心化浪費了太多的交易成本與時間成本，臃腫的中心化機器已經無法滿足快速發展的生產力的需要。以傳統的股權交易為例，因為股權是登記在第三方的工商系統中，股權的轉讓方與受讓方要完成轉讓，需要跟隨中心化機構的指示完成各種流程，遭受各種為難，效率低下、成本高昂。

一旦股權數位化，利用創富區塊鏈技術以及電子合約就可以實現類似於股票交易，而且同樣收到法律保護，整個社會的交易成本會大幅下降。

這個世界變得太快，如果有一天你的房產變成了一個Token，不要害怕，在創富區塊鏈的世界裡，攢緊它。

第七節 預見明日世界

愛因斯坦在 1931 年提出應用科學的真諦：「應用科學是為了能夠增進人類福祉，但是光這樣還不夠。所有的技術與科學研究，除了必須以造福人類、關心人類的命運人類為首要目的外；還要不可為害人類，並解決勞資與財富分配的問題！」

經由比特幣及以太坊的成功實驗，證明人類已經能夠使用創富區塊鏈及智能合約的流程、技術，結合 AI 及物聯網，徹底改變財富的分配方式，讓各行各業可以共同創造出更高效、更公平又很不一樣的明日世界。我們期待未來的世界，因為創富區塊鏈及加密貨幣技術的越加成熟，讓人類社會有更美好的明天。

・歡迎來到創富區塊鏈承載的明日世界

創富區塊鏈將會顛覆網路世界。這項技術涉及範圍之廣、來勢之迅猛，導致許多關於它的描述淪為抽象的概念解釋，而不是討論它對網路世界中人們的互動方式將要產生的深刻影響。

Web 1.0 是一個只能讀取靜態網頁的網際網路。Web 2.0，即我們目前所處的網路世界，出現了由用戶生產的動態內容，社交媒體應運而生。Web 3.0 有很多定義，最常見的定義是，它是一個具備連接智能的網路；在這樣的網路裡，新一代應用程式、數據、概念以及用戶能夠透過一個無仲介（比如銀行、科技公司等信用擔保作用的中間人）的系統互相連接，隱私與安全能夠得以

保障。有了區塊鏈技術，我們就能實現 Web 3.0。

　　自網際網路誕生以來的 30 年裡，網際網路為我們帶來了電子郵件、網站、社交媒體、移動網路、大數據、雲端計算，以及物聯網的雛形。從這個角度來看，我們可以明白區塊鏈將對人類生活產生什麼影響。

　　現在大家可能不明白以前發電子郵件有多麼麻煩──你需要知道別人用什麼應用郵件，比如是 Gmail、Outlook 還是雅虎；現在只需要知道對方電郵地址就可以直接發郵件。再說轉帳好了，如果我現在要匯給你 200 塊錢，我需要問一長串問題，比如帳號等。其實直到今天很多的電子服務，依然是這種模式；比如，你之所以用 Facebook，是因為你的朋友都用 Facebook。但是，當有更多運行在創富區塊鏈上的應用可以使用時，我們就能有更多選擇，享受到巨大便利。

　　現在很多人生活中最重要的東西大多數都記錄在資料庫當中。想想看，我們的名字、國籍、銀行帳戶、汽車、土地所有權、婚姻、基本權利、法律、法庭案例、醫療記錄等等，所有這些都被記錄在各種不同資料庫當中，並分別被不同的權威單位掌握著。為了保護這些資料庫的完整性，我們只能相信一些監管部門，並讓這些監管部門幫我們監督這些權威機構。但是現在讓我們反向思考吧！我們如何相信監管機構呢？有沒有更好的方式？

　　比特幣做了一件事：用共享經濟與數學運算取代了第三方的信任。隨著比特幣越來越普及，其背後的技術也逐漸嶄露頭角，

使其真正實現一種分布式帳本——創富區塊鏈，現在世界各國政府和巨頭公司都已經開始考慮如何利用區塊鏈的潛力。

在印度，維薩卡帕特南與瑞典初創公司 Chromaway 合作，利用創富區塊鏈技術保存土地記錄，進而避免了財產欺詐和腐敗的發生。像 IBM 和微軟這樣的傳統科技巨頭已經在分布式帳本技術上布局了一些專案，今年他們甚至更加縱加深布局一些創富區塊鏈專案。

IBM 與 Stellar（一家發行虛擬貨幣的公司）攜手，讓跨境支付變得效率更高、價格更便宜。透過使用創富區塊鏈技術，該公司還讓雀巢和聯合利華等領先食品品牌能夠監控和維護食品安全標準。從食物鏈到供應鏈，創富區塊鏈正在顛覆每一條鏈條。

創富區塊鏈技術比起比特幣本身更加強大。因為比特幣使得創富區塊鏈受歡迎起來，但現在創富區塊鏈將更受歡迎，各行各業正在嘗試在創富區塊鏈之上建立創新各種服務。原本抱持排斥態度的華爾街也加入創富區塊鏈應用陣營，其實主角並非比特幣，而是它利用創富區塊鏈技術顛覆了其他行業和華爾街。曾經貶低比特幣及其同類幣的金融機構和華爾街已經認識到它們背後技術的重要性。

2017 年年底，華爾街 CBOE 和 CME 期貨公司推出比特幣期貨，進而使得任何人都可以不需要購買比特幣，就可以下注比特幣是否會上漲還是下跌。此舉對於加密貨幣而言，是一個巨大的勝利，因為如此會讓更多的投資者投資各種加密貨幣。

2018 年，Nasdaq 將提供比特幣期貨產品，我們也會看到比特幣 ETF 上市。另一方面，銀行已經開始採用區塊鏈技術進行防篡改記錄。在印度，SBI 和其他 27 家銀行聯手成立了 BankChain，以實現智能合約和儲存 KYC 細節。

總部位於美國的運通公司和英國的桑坦德銀行已經與 Ripple 幣展開合作，以實現即時的跨境交易。迄今為止，全世界所有的大型機構為了與即將到來的創富區塊鏈新世界聯繫，都不斷在改變。根據德勤的調研報告中，在創富區塊鏈部署方面最激進的行業是醫療與生命科學行業，該行業有 35％的受訪者表示其公司計畫在 2018 年將創富區塊鏈部署到生產環境中。

美國的 MedRec 專案由麻省理工學院成立；旨在將家族醫療記錄搬到創富區塊鏈上。可能你遇到過這樣的情況：某天你因為身體不舒服去醫院，診斷時醫生問你家裡有沒有人得過某種疾病；遇到這種問題，你一時可能給不出確切的回答。

有了 MedRec 區塊鏈，家庭和醫療服務者就能創建一種能代代相傳的共享醫療記錄，每個人去看病時都可能會被醫生問過這樣的問題：「你家有人得過這種病嗎？」對此，很多人的回答都是「我不清楚」。

有意思的是，像美國頒布的平價醫療法案（Affordable Care Act，俗稱「歐巴馬醫療法案」）要求醫療記錄必須電子化，醫生獲取電子記錄也能得到政府補助，然而各種醫療數據仍然像一座座孤島。所以我們需要一種技術或協議，使所有數據——無論

提供者是誰──都可以共用。MedRec 能推動這樣的願景實現。該專案將不單能解決數據之間的相容問題，還能防止數據詐騙。

MedRec 專案目前也在研究如何使醫院和診所能對消費科技加以運用。想想可穿戴設備、健身追蹤儀器甚至某些應用程式（比如蘋果的「健康」應用程式）收集了多少即時健康數據。

MedRec 正在努力如何在患者同意的前提下，利用創富區塊鏈讓醫生和醫院能獲得這些數據。可能你有 Fitbit、蘋果手錶或其他形形色色的智能保健設備，使你能夠收集自己的血壓、心率等等數據；但是你看病的醫院或診所使用的是其他類型的數據系統；或許哪天你又因為過敏看了某個過敏專科醫生，發現這個醫生使用的又是另外一套系統。結果就是，所有這些數據互不相通。試問，這樣的情況下，你又如何能夠得到最佳的醫療服務？

美國政府認識到了創富區塊鏈在醫療行業的潛力，美國衛生及公共服務部（簡稱 HHS）正在開始行動。HHS 舉辦的創富區塊鏈創意挑戰賽一共收到 70 多篇探討如何將創富區塊鏈技術應用於醫療資訊技術業和醫學研究的學術論文，並於去年 9 月宣布共有 15 人或機構獲獎，其中包括德勤、IBM、麻省理工學院（憑 MedRec 專案獲獎）和梅奧診所。獲獎論文設想的創富區塊鏈解決方案將有機會得到開發和執行。

這些方案所要解決的問題形形色色，有的針對醫療保險理賠與支付問題，有的針對數據相容問題，有的則針對 Medicare（美國一項為貧困人士設立的醫療補助計畫）應用問題。參與主辦挑

戰賽的電子商務協會認為，區塊鏈擁有變革醫療和變革其他行業
的潛力。

　　有目共睹的是，越來越多的人關注如何運用創富區塊鏈技術
解決醫療行業的很多重大問題，比如患者隱私保護、醫療記錄電
子化、藥品追蹤、頻繁換醫生等。創富區塊鏈技術在解決身分盜
竊問題上也能發揮威力。

　　隨著越來越多活動轉移到網上進行，隱私和安全問題日益凸
顯。創富區塊鏈能提供前所未有的隱私保護，幫助核實人們的網
上身分。未來世界裡，身分辨識會變得很重要，經由區塊鏈建立
的電子錢包，讓區塊鏈成為我們與網路世界互動的「看護人」。

　　現在有很多專案正在研究並試驗區塊鏈上的電子錢包可能用
途，比如用於物聯網管理，或用於使投票更安全，以及在輕武器
上面加裝「智能鎖」來減少槍枝暴力。

　　在區塊鏈的世界裡，電子錢包將成為控制中心；在多鏈、多
網路的世界，任何人在網上的活動會受到多重驗證保護。例如，
創富區塊鏈在核實我就是 Mike 後，會繼續確認：「你想把無人
駕駛車輛從家裡開到辦公室嗎？」或「你想為來訪的客人開門
嗎？」、「你達到可以進入酒吧的年齡了嗎？」

第二部
如何利用創富區塊鏈＋
數位黃金創造無限投資收益？

第四章
創富區塊鏈列車進站，你準備好上車了嗎？

 第一節 什麼是創富區塊鏈？

簡而明之，就是專門用來創造財富及建立交易的區塊鏈應用技術。

創富區塊鏈包括兩個概念：分布式帳本和智能合約。

分布式帳本是一個獨特的資料庫，它記錄的內容不會被篡改，而且永遠不會遺失。

智能合約是交易雙方互相聯繫的工具，比如如果一個人和另一個人打賭，明天北京會下雨，然後用智能合約記錄這個賭約。如果沒下雨，智能合約會自動把錢交給贏了的人。

創富區塊鏈技術可以追蹤財富的一切。比如，鑽石行業曾經聯手建立了一個專案，來阻止暴力衝突地區開採出的「血鑽」進入市場。在這個專案中，鑽石被開採出來那一刻，就被記入創富區塊鏈，此後的交易、運輸每個環節都被記錄下。如果你買到一顆鑽石，創富區塊鏈裡沒有它的記錄；那麼，它就是一顆來源不明的鑽石，很可能就是「血鑽」。

同樣，如果把房地產數據放到創富區塊鏈上，就能追蹤到交易的每個過程，知道這個房子曾經的房主是誰、是否曾經被抵

押過，歷史上交易過幾次；而且，這種記錄都是不可被篡改的。貝倫多夫說，創富區塊鏈服務以公有和私有、許可和非許可來畫分。公有和私有指的是誰可能讀取創富區塊鏈，是所有人都可以，還是只有指定的人可以；許可和非許可是指誰能寫區塊鏈。

個人的健康數據是非公開許可的，數據只有指定人讀取，但是會有很多人可以寫記錄。房屋數據是公開許可的，很多人可以讀取到數據，也能寫數據。比特幣和以太坊是公開非許可的，很多人可以讀取到數據，但是不能寫數據。

貝倫多夫也提到了創富區塊鏈的安全問題。他說，所有的軟體都有漏洞，創富區塊鏈中也會潛伏危險，駭客能用垃圾數據來沖垮我們的系統。此外，由於創富區塊鏈具有不可逆性，一旦漏洞發現，可能會導致永久不可逆的數據洩露。

因此，當創富區塊鏈承載了個人數據，就需要第三方監督，也就是所謂的「社群合約」，「它可以是國家的法律，或人為的規定。但無論是什麼，一定要對智能合約和創富區塊鏈有一定的治理」。他還建議創富區塊鏈技術的開發者「一定要尤其注意那些添加的新節點，它們很可能為壟斷者所利用」。

什麼是創富區塊鏈？

有別於一般的區塊鏈應用，創富區塊鏈是專門用來創造財富的區塊鏈；簡言之就是創造財富＋區塊鏈。區塊鏈只是一門Internet 的應用技術，如何運用創富區塊鏈創造財富，相信才是每一位想要創富者最想弄明白的應用。創富區塊鏈只是一門技

術，而徹底瞭解創富區塊鏈並善加應用，達到創造財富，才是這本書的核心。

創富區塊鏈應用，場景無限：只有想不到，沒有做不到。

 ## 第二節 創富區塊鏈的新商機

封建制度下，地主擁有大量的土地資產，農奴在這些土地上工作，創造了價值，但大部分的價值被地主剝削。今天，數據就是新的資產，我們創造一些資產，但是數位化「地主」（社交媒體、搜索引擎、政府、銀行等等）把他們奪走了。我們需要恢復這些數據，恢復我們的「數位權利」，並基於我們自己的利益來經營它。

應用創富區塊鏈技術，用戶可以在「數位化黑匣」中擁有獨立的身分，它將捕獲我們的數據，幫助規畫我們的生活，並保護隱私。毫無疑問，創富區塊鏈技術對大型數位集團們構成了危機存亡的威脅。這些技術的革新不單侷限於社交媒體；在經濟，乃至整個社會的意識形態上，創富區塊鏈代表反對權力中心化的風潮正在逐漸崛起。

一、緊抓創富區塊鏈帶來的四大商業契機

我們會這樣描繪未來世界的生活：數位貨幣已成為主流貨幣，人們可以隨時隨地向身處世界任何地方的任何人進行資產轉

移交易，就好像發送郵件或打開流行媒體播放音樂一樣方便、快捷、即時。創富區塊鏈技術，將是繼蒸汽機、電力、資訊和網際網路科技之後，觸發第六輪顛覆性革命浪潮的核心技術。

　　該技術在金融領域的應用將完全改變交易流程和記錄保存的方式，進而大幅降低交易成本，顯著提升效率。現今創富區塊鏈技術已成為全球創新領域最受關注的話題，受到風險投資基金的熱烈追捧。國際各大領先金融機構也紛紛行動起來，組建了R3CEV 和 Hyperledger 創富區塊鏈技術應用聯盟，一場顛覆式創新浪潮正悄然襲來。創富區塊鏈的特性將改變金融體系間的核心準則；因其安全、透明及不可篡改的特性，金融體系間的信任模式不再依賴仲介者，許多金融業務都將「去中心化」，實現即時數位化的交易。

　　創富區塊鏈主要應用在虛擬貨幣、跨境支付與結算、票據交換、證券發行與交易、客戶徵信與反詐欺及醫療病歷與健康記錄等六大領域上。

　　以跨境支付結算來說，創富區塊鏈將可摒棄中轉銀行的角色，實現點到點快速且低成本的跨境支付；根據麥肯錫的測算，創富區塊鏈技術在 B2B 跨境支付與結算業務中的應用將可降低每筆交易成本約 40%。

　　面對創富區塊鏈技術迎面而來的機遇與挑戰，如何積極布局，以求搶占先發優勢。我們如何在此革新浪潮中抓住戰略機遇，進而掌握顛覆式各個行業經營模式的主動權，是所有決策者

需謹慎思考的問題。

我們認為有四大創富區塊鏈商機：

1. 數位貨幣發行權；

2. 跨境支付與結算；

3. 供應鏈連接；

4. 電子病歷與健康記錄。

在這四大領域，如何運用創富區塊鏈的技術成為這一場顛覆式技術革命的贏家。

二、為什麼創富區塊鏈突然火起來了

上世紀 70 年代個人電腦問世，人們開始藉助電腦閱讀資料、編寫文件；同時仍透過書信往來溝通，去銀行存錢、匯款和借貸。

上世紀 90 年代中期，開始出現商業網際網路，人們可以在網路上隨時隨地購買和閱讀書籍，使用主流媒體收聽音樂，人們開始使用郵件、即時消息和即時視訊進行無縫溝通，開始使用網上銀行存錢、匯款和借貸。

很快的我們會這樣描繪我們的生活：數位貨幣已成為主流貨幣，人們可以隨時隨地向身處世界任何地方的任何人進行資產轉移交易，就好像發送郵件或打開主流媒體播放音樂一樣方便、快捷、即時。

創富區塊鏈是繼蒸汽機、電力、資訊和網際網路技術之後的核心技術。就如同蒸汽機釋放了人們的生產力、電力解決了人

們最基本的生活需求、資訊技術和網際網路徹底改變了傳統產業（如音樂和出版業）的商業模式一樣，創富區塊鏈技術將實現去中心化的數位資產安全轉移。

所以創富區塊鏈的特點如下：

1. 最底層技術的顛覆者

如果我們將銀行商業模式層層分解，不同的新技術發展一直在推動各個層面的進步。以資訊時代為例，Internet 帶動了應用層面的無數創新應用── P2P 借貸、線上理財、眾籌；雲端平臺改變了業務處理和基礎設施部署的模式，大大降低了銀行的業務運營成本和 IT 投入；大數據分析技術將風險控制從以經驗判斷為主，帶入了以機器學習為主，用數據作為決策依據的時代，使得全自動的快速信貸模式成為可能。

儘管金融上層應用和業務流程創新風起雲湧，但信用仲介的基本要求，使銀行在商業模式的底層邏輯和相關技術，例如系統間的資訊交互方式以及交易清算的基礎設施方面，並未有革命性的提升。創富區塊鏈技術的出現恰恰要顛覆銀行商業模式的底層技術基礎。

首先，「清算」這個概念在區塊鏈網路中將不復存在，所有的交易都是「發生即清算」，交易完成的瞬間所有的帳本資訊都完成了同步更新。其次，系統間的資訊交互不再因為相容性和互斥性而導致部署成本高且連接困難，因為所有系統都使用同樣的技術協議；各參與方之間的交易規則也依照協議共識寫入創富區

塊鏈成為標準，不得篡改。

2. 商業制度創新的推動者

　　創富區塊鏈技術的出現是對現有商業模式的制度基礎和參與者之間關係的重大挑戰。現有金融體系是建立在三個基本制度框架之上：商業信任是依賴法律條文而存在的；資產轉移交易是以獨立第三方作為信用仲介來保障實現的；交易結算和清算是以集中式的清算機構為中心來處理完成的；然而人們習以為常的制度基礎和商業流程都將隨著創富區塊鏈技術的廣泛應用被顛覆。在現有制度框架下如魚得水的金融仲介機構，如何在這場模式變革中調整角色，將決定其未來存在與否的命運。

　　以 Visa 和 Nasdaq 為例來說，一個是提供支付仲介服務的支付組織，一個作為證券發行和交易市場平臺，其主要角色都是作為交易的仲介。兩家公司很早就意識到創富區塊鏈技術可能對自身未來的商業價值形成的挑戰，於是採取了擁抱技術革新的明智做法，成為 Chain（美國創富區塊鏈技術初創公司）的早期合作者，布局區塊鏈技術應用的試點專案。

　　從銀行的角度來說，在這一波新的技術革新浪潮中是成為技術受益者，還是被顛覆者，完全取決於銀行如何審時度勢，積極調整自身在未來商業格局和邏輯中的角色定位。不再只做信用仲介，被動依賴壟斷地位收取息差和交易費用；而要積極做技術應用的先驅者，不斷提升高價值的金融服務能力和內容，引領和參

與新的商業格局形成。

創富區塊鏈可以系統性解決金融業務鏈上的痛點和頑疾，其「系統性」主要表現在三個方面：

1. 創富區塊鏈技術可以被應用在不同的銀行業務，從支付結算，到票據流轉和供應鏈金融，到更複雜的證券發行與交易等各核心業務領域，均已有金融機構和科技公司在積極探索和嘗試。

2. 創富區塊鏈技術帶來的收益將惠及所有的交易參與方，包括銀行、銀行客戶、銀行的合作方（如平臺企業等）。目前金融服務各流程環節存在的效率瓶頸、交易時滯、欺詐和操作風險等痛點，大多數可望在創富區塊鏈技術應用後得到解決。

現有流程中大量存在的手工操作、人工驗證和審批工作，將被創富區塊鏈的自動化處理取代，而所有紙本合約亦將被創富區塊鏈中的智能合約所取代；另外在交易處理環節中，不再會由於系統失誤而導致損失發生。舉例來說，創富區塊鏈技術的應用可以幫助跨境支付與結算業務交易參與方節省約40％的交易成本。

3. 創富區塊鏈將受到資本市場和金融機構廣泛追捧。過去兩年，位於矽谷和紐約的創富區塊鏈技術公司成為了各風投基金競相追捧的熱門專案。僅2017年，全球範圍內投資在比特幣和區塊鏈相關的初創公司的風投資金規模就約達數百億美元，光2018年第一季就衝破200億美元，由此可見其增長趨勢。

參與投資的不僅有類似 Andreessen Horowitz 這樣的矽谷著名風投基金，以 500Startups 為代表的種子基金和孵化器，還包括花

旗、摩根大通在內的各大國際金融機構。

除了投資布局，全球各個領先的金融機構在具體推動創富區塊鏈技術應用方面也有很多大動作，包括花旗銀行、西班牙對外銀行、摩根大通、摩根士丹利、瑞銀等在內的 40 餘家領先金融機構共同建立了 R3CEV 聯盟，旨在推動制定適合金融機構使用的創富區塊鏈技術標準，推動技術落地。

Linux Foundation 牽頭建立的 Hyperledger 專案吸引了包括摩根大通、荷蘭銀行、美國道富銀行在內的眾多金融機構，這個專案透過促成底層技術提供方、創富區塊鏈創新公司、技術實施方、以及分布在各行業的技術應用方的通力協作，打造跨行業的分布式帳本。

應該說各大機構都看到了創富區塊鏈技術未來對銀行商業模式和邏輯帶來的顛覆性改變，如果不積極參與其中，會有被淘汰或被邊緣化的危險。

創富區塊鏈將再造金融行業規則。創富區塊鏈「去中心化」的本質，會讓當今金融交易所面臨的一些關鍵性問題得到顛覆性的改變。根據麥肯錫分析，創富區塊鏈技術影響最可能發生在支付及交易銀行、資本市場及投資銀行業務的主要應用形態。

以下分別針對數位貨幣、跨境支付與結算、票據與供應鏈金融業務、證券發行交易及客戶徵信與反詐欺等五大應用形態，探討創富區塊鏈技術將如何解決當前業務的痛點，以及科技金融公司正在實踐哪些的創富區塊鏈實用技術。

1. 貨幣數位化

提高貨幣發行及使用的便利性。比特幣的崛起顛覆了人類對貨幣的概念，比特幣及其他數位貨幣的出現與擴展，正在改變人類使用貨幣的方式。從過去使用實物交易，到發展物理貨幣及後來的信用貨幣，都是隨著人類的商業行為及社會發展不斷演進。

隨著電子金融及電子商務的崛起，數位貨幣不僅擁有安全、便利、低交易成本的獨特性，更適合基 Iternet 的商業行為，將來必然取代法定貨幣的流通。以比特幣為代表的數位貨幣目前已在歐美國家獲得相當程度的市場接受，不僅能在商戶用比特幣支付商品，更是衍生出比特幣的借記卡與 ATM 機等應用產品。

數位貨幣與法定貨幣之間交換的交易平臺也應運而生，例如美國最大的比特幣交易平臺 Coinbase 目前支持美金、歐元、英鎊及加拿大幣與比特幣之間的兌換，比特幣與法定貨幣之間的龐大交易量與流動性足以被視為一種國際通行貨幣。

比特幣網路的崛起，讓各界注意到其背後的分布式帳本創富區塊鏈技術，並逐漸在數位貨幣外的眾多場景獲得開發應用，國家發行數位貨幣將成趨勢。2015 年厄瓜多爾率先推出國家版數位貨幣，不但能減少發行成本及增加便利性，還能讓偏遠地區無法擁有銀行資源的民眾，也能透過數位化平臺獲得金融服務。

突尼斯根據區塊鏈的技術發行國家版數位貨幣，除了讓國民透過數位貨幣買賣商品，還能繳付水電費帳單等，結合創富區塊鏈分布式帳本的概念，將交易記錄記載於創富區塊鏈中，方便管

理。許多國家也在探討發行數位貨幣的可行性，目前包括瑞典、
澳大利亞及俄羅斯正在研討發展數位貨幣的計畫。英國央行正委
託倫敦大學學院設計一套數位貨幣 RSCoin 進行試驗，預期透過
央行發行的數位貨幣來提高整體金融體系的安全性與效率。

　　各國均認識到數位貨幣能夠替代實物現金，降低傳統紙幣發
行、流通的成本，提高支付結算的便利性，並增加經濟交易透明
度；減少洗錢、逃漏稅等違法犯罪行為，提升央行對貨幣供給和
貨幣流通的控制力。

　　同時，透過發展數位貨幣背後的創富區塊鏈技術應用，擴展
到整個金融業及其他領域，確保資金和資訊的安全，提升社會整
體效能。

2. 跨境支付與結算

　　實現點到點交易，減少中間費用。目前的跨境支付結算時間
長、費用高，又必須透過多重中間環節，擁有一個可信任的仲介
角色在現今的跨境交易非常重要。當跨境匯款與結算的方式日趨
複雜，付款人與收款人之間所仰賴的第三方仲介角色更顯得極其
重要。每一筆匯款所需的中間環節不但費時，而且需要支付大量
的手續費，其成本和效率成為跨境匯款的瓶頸所在。

　　因每個國家的清算程式不同，可能導致一筆匯款需要 2 至 3
天才能到帳，效率極低，在途資金占用量極大。區塊鏈將可摒棄
中轉銀行的角色，實現點到點快速且成本低廉的跨境支付。透過

創富區塊鏈的平臺，不但可以繞過中轉銀行，減少中轉費用，還因為創富區塊鏈安全、透明、低風險的特性，提高了跨境匯款的安全性，以及加快結算與清算速度，大大提高資金利用率。

　　未來，銀行與銀行之間可以不再透過第三方，而是透過創富區塊鏈技術打造點對點的支付方式，省去第三方金融機構的中間環節。不但可以全天候支付、即時到帳、提現簡便及沒有隱形成本，也有助於降低跨境電商資金風險及滿足跨境電商對支付清算服務的及時性、便捷性需求。

　　根據麥肯錫的測算，從全球範圍看，創富區塊鏈技術在 B2B 跨境支付與結算業務中的應用將可使每筆交易成本從約 26 美元下降到 15 美元，其中約 75％為中轉銀行的支付網路維護費用，25％為合規、差錯調查，以及外匯匯兌成本。

　　Ripple 的跨帳本協議幫助銀行間快速結算。成立於美國的 Ripple 為一家利用類區塊鏈概念發展跨境結算的金融科技公司，它建構了一個沒有中央節點的分布式支付網路，希望提供一個能取代 SWIFT（環球同業銀行金融電訊協會）網路的跨境轉帳平臺，打造全球統一網路金融傳輸協議。

　　Ripple 的跨帳本協議（Interledger protocol）可說是讓參與協議的各方都能看到同樣的一本帳本，透過該公司的網路，銀行客戶可以實現即時的點對點跨國轉帳，不需中心組織管理，且支持各國不同貨幣。

　　如果 Ripple 協議成為了金融體系的標準協議，在網路中的

各方都能任意轉帳貨幣，支付就會像收發電子郵件一樣快捷、便宜，最重要的是沒有所謂的跨行異地以及跨國支付費用。目前全球已有 17 個國家的銀行加入合作，共同參與 Ripple 為金融機構打造的解決方案。

此外，還有 Circle 致力於發展 C2C 跨境支付平臺。Circle 是一家開發比特幣錢包的數位貨幣初創公司，正致力於透過比特幣後臺網路的區塊鏈技術，使國家貨幣之間的資金轉移更加簡單和便宜。Circle 在 2016 年獲得英國政府頒發的首張電子貨幣牌照，允許 Circle 客戶在美元與英鎊之間進行即時轉帳；考慮到該電子貨幣牌照在整個歐盟都有效，預計很快歐元也會加入。

除了上述兩家金融科技公司，Chain、Ethereum，IBM，Microsoft 等公司也都在利用創富區塊鏈技術發展跨境支付與結算的技術。預計在不久的將來，金融體系現有的傳統交易模式將被高效能、高安全性及成低本的顛覆性技術所替代。

3. 票據與供應鏈金融業務

減少人為介入，降低成本及操作風險。票據及供應鏈金融業務因人為介入多，導致許多違規事件及操作風險，2015 年年中，中國開始爆發票據業務的信用風暴。票據業務創造了大量流動性的同時，相關市場也滋生了大量違規操作或客戶欺詐行為，陸續有多家商業銀行的匯票業務事件集中爆發。

中國現行的匯票業務仍有約 70％為紙本交易，操作環節處

處需要人工，並且因為涉及較多仲介參與，存在管控漏洞，違規交易的風險提高。供應鏈金融也因為高度依賴人工成本，在業務處理中有大量的審閱、驗證各種交易單據及紙本檔的環節，不但花費大量的時間及人力，各個環節更是有人工操作失誤的機會。

長久以來，票據的交易一直存在一個第三方的角色來確保有價憑證的傳遞是安全可靠的。在紙本票據中，交易雙方的信任建立在票據的真實性基礎上；即使在現有電子票據交易中，也是需要透過央行 ECDS 系統的資訊進行交互認證。但藉助創富區塊鏈的技術，可以直接實現點對點之間的價值傳遞，不需要特定的實物票據或是中心系統進行控制和驗證，仲介的角色將被消除，也減少人為操作因素的介入。

供應鏈金融也能透過創富區塊鏈減少人工成本，提高安全度及實現端到端透明化。未來透過區塊鏈，供應鏈金融業務將能大幅減少人工的介入，將目前透過紙本作業的程式數位化。所有參與方（包括供貨商、進貨商、銀行）都能使用一個去中心化的帳本分享檔並在達到預定的時間和結果時自動進行支付，極大提高效率及減少人工交易可能造成的失誤。

根據麥肯錫測算，在全球範圍內區塊鏈技術在供應鏈金融業務中的應用，能幫助銀行和貿易融資企業大幅降低成本，其中銀行的運營成本一年能縮減約 135 至 150 億美元，風險成本縮減 11 至 16 億美元；買賣雙方企業一年預計也能降低資金成本約 11 至 13 億美元及運營成本 16 至 21 億美元。

除此之外，由於交易效率的提升，整體貿易融資管道更暢通，對交易雙方收入提升亦有幫助。

Wave 已與巴克萊銀行達成合作協議，將透過區塊鏈技術推動貿易金融與供應鏈業務的數位化應用，將信用狀與提貨單及國際貿易流程的檔放到公鏈上，透過公鏈進行認證與不可篡改的驗證。基於區塊鏈的數位化解決方案能夠完全取代現今的紙筆人工流程，實現端到端完全的透明化，提高處理的效率並減少風險。

4. 證券發行與交易

實現準確即時資產轉移，加速交易清算速度。證券的發行與交易的流程手續繁雜且效率低下，一般公司的證券發行，必須先找到一家券商，公司與證券發行仲介機構簽訂委託募集合約，完成繁瑣的申請流程後，才能尋求投資者認購。

以美國交易模式為例，證券一旦上市後交易更是極為低效，證券交易日和交割日之間存在 3 天的時間差。創富區塊鏈技術使得金融交易市場參與者享用平等的數據來源，讓交易流程更加公開、透明、有效率，透過共用的網路系統參與證券交易，使得原本高度依賴仲介的傳統交易模式變為分散的平面網路交易模式。

這種革命性交易模式在西方金融市場的實踐中已經顯現出三大優勢：

(1) 大幅度減少了證券交易成本，創富區塊鏈技術的應用可使證券交易的流程更簡潔、透明、快速，減少重複功能的 IT 系

統，提高市場運轉的效率。

(2) 創富區塊鏈技術可準確即時記錄交易者的身分、交易量等關鍵資訊，有利於證券發行者更快速清晰瞭解股權結構，提升商業決策效率；公開透明又可追蹤的電子記錄系統同時減少了黑箱操作、內幕交易的可能性，有利於證券發行者和監管部門維護市場。

(3) 創富區塊鏈技術使得證券交易日和交割日時間差從 1-3 天縮短至 10 分鐘，減少了交易的風險，提高了交易的效率和可控性。

Chain 與 Nasdaq 推出私募股權市場交易平臺。2015 年 10 月，Nasdaq 在拉斯維加斯的 Money20/20 大會上，正式公布了與 Chain 搭建區塊鏈平臺 Linq ——首個透過區塊鏈平臺進行數位化證券產品管理的系統平臺。對於股票交易者而言，創富區塊鏈可以消除對基於紙筆或者電子表格的記錄依賴的需求，減少交易的人為差錯，提高交易平臺的透明度和可追蹤性。

對股票的發行公司而言，Linq 實現了更好的管理股票數據的功能，讓 Nasdag 在私募股權市場中為創業者和風險投資者提供更好的服務。

Digital Asset Holdings（DAH）即將為澳大利亞證券交易所設計清算和結算系統。澳大利亞證券交易所在 2015 年表示，將設計一套新系統取代所有的核心技術系統以提升結算速度，美國區塊鏈公司 DAH 在 400 家投標者中，拿到了這項計畫合約。

DAH 所開發的技術目標將允許所有的參與者，在同一個數據庫中進行即時的資產交易；它能夠讓數位資產在交易的各方之間進行轉移而無需任何中央機構來負責記錄交易，因而達到即時交易效果，實現結算時間由當前的兩個工作日減少到數分鐘。

除了美國 Nasdaq 及澳大利亞證券市場外，芝加哥商品交易所、杜拜多種商品中心、德國、倫敦、日本、韓國等多國的證交所都已經開始發展創富區塊鏈技術的應用。中國近來也由上海證券交易所牽頭組織 China Ledger 聯盟，組織國內商品交易所，實驗由創富區塊鏈發展場外交易平臺。

5. 客戶徵信與反欺詐

降低法律合規成本，防止金融犯罪。銀行的客戶徵信及法律合規成本不斷增加，過去幾年各國商業銀行為了滿足日趨嚴格的監管要求，不斷投入資源加強信用審核及客戶徵信，以提升反欺詐、反洗錢，抵禦複雜金融衍生品過度交易導致的系統性風險成效。2014 年，UBS 為了應對新的監管要求，增加了約 10 億美元的支出；而匯豐集團在 2013 至 2015 年間，法律合規部門的員工人數從 2000 多人增至 7000 多名。

為提高交易的安全性及符合法規要求，銀行投入了相當的金錢與人力，已經成為極大的成本負擔，記載於創富區塊鏈中的客戶資訊與交易紀錄有助於銀行識別異常交易並有效防止欺詐。創富區塊鏈的技術特性可以改變現有的徵信體系，在銀行進行「認

識你的客戶」（KYC）時，將不良紀錄客戶的數據儲存在創富區
塊鏈中。

客戶資訊及交易記錄不僅可以隨時更新，同時，在客戶資訊
保護法規的框架下，如果能實現客戶資訊和交易紀錄的自動化加
密關聯共用，銀行之間能省去許多 KYC 的重複工作。銀行也可
以透過分析和監測在共用的分布式帳本內客戶交易行為的異常狀
態，及時發現並消除欺詐行為。Chainalysis 為銀行設計反欺詐監
測系統，原本為專門打擊利用數位貨幣洗錢和欺詐行為的初創公
司 Chainalysis，現在也為銀行設計創富區塊鏈上的異常交易行為
監測與分析系統。透過監測公開式帳本上的交易尋找不法行為，
幫助銀行反洗錢與反欺詐。

三、全球領先巨頭積極布局創富區塊鏈，搶占先發優勢

面對創富區塊鏈技術的機遇，國際領先銀行紛紛採取行動，
根據自身情況採取不同的應對策略；或參與創富區塊鏈聯盟共同
開發解決方案致力建立行業標準，或是攜手金融科技公司發展拳
頭業務的應用，也有銀行成立區塊鏈實驗室，主動針對不同業務
應用形態進行技術開發。主要策略如下：

策略一：組建創富區塊鏈大聯盟，制訂行業標準。

集結各方價值主張，共同建立行業標準，引導監管並制定金
融體系新規則。銀行業創富區塊鏈應用還在發展的初級階段，面

臨一系列技術與模式選擇，存在監管合規以及應用領域等多種不同的可能性。

　　未來包括區塊鏈金融科技公司、大型銀行以及監管機構在內的三股力量，將影響銀行業創富區塊鏈的應用方向及標準，其中監管將成為創富區塊鏈技術應用的一支主導力量；基於該判斷，以摩根大通及高盛為代表的一些大型銀行已經組建了以 R3CEV 為代表的全球銀行聯盟，力圖透過監管機構的提前參與，建立行業監管及相應的技術標準，制定遊戲規則，進而把握市場先機。R3CEV 集結全球領先銀行，制定金融業的區塊鏈應用標準。

　　R3CEV 是一個聯合全球領先銀行以及金融科技公司的行業聯盟，主要目的是基於區塊鏈技術，建立能夠符合監管要求及金融行業需要的分布式帳本體系。

　　R3CEV 透過召集巴克萊、西班牙對外銀行、摩根大通、瑞銀及澳大利亞聯邦銀行等 9 家銀行，正式成立了 R3 聯盟，開始投入分布式帳本的技術研發及應用探索。同月底，有 13 家銀行加入聯盟，包括美國銀行、花旗銀行、德意志銀行、摩根士丹利等全球領先銀行；《金融時報》稱其為創富區塊鏈技術金融應用的一次革命性嘗試。

　　截至 2016 年初，R3 聯盟成員共有 40 多家銀行及科技公司，包括微軟及 IBM，範圍覆蓋北美、歐洲、亞洲及大洋洲等，影響力日益擴大。Hyperledger 打造跨行業區塊鏈聯盟，致力拓展不同行業的區塊鏈應用。

超級帳本（Hyperledger）是 IBM 的 Linux 基金會於 2015 年發起的推進區塊鏈數位技術和交易驗證的開源專案。成員除了金融機構外，還包含科技公司與其他產業的企業，目標是讓成員合作，共建開放平臺，開發來自多個不同行業的各種應用案例。

除了成員荷蘭銀行、埃森哲、Cisco，美國證券集中保管結算公司（DTCC）等，也吸引許多像 R3CEV 及 DAH 的領先區塊鏈聯盟及公司加入。

策略二：攜手金融科技公司，發展核心業務區塊鏈應用。

解決當前核心業務痛點是銀行發展區塊鏈技術的主要目的。鑒於此，許多國際領先銀行透過與金融科技公司的合作，發展可應用於核心業務的技術。

銀行與金融科技公司合作的模式依照參與程度深淺可分為多種類型，包括單純參與專案合作，到投入資金成為戰略投資者，甚至直接與科技公司成立合資公司等合作模式。不論何種模式，銀行都希望藉助金融科技公司的技術，快速開發區塊鏈技術的應用，解決當前業務痛點。

Visa 與 Chain 合作提升信用卡交易效率。目前 Visa 的支付平臺最快每秒能承擔 6 萬 5 千筆交易，透過與 Chain 研發的技術，希望將交易效率翻倍提升；同時，區塊鏈技術不篡改的特性也能在未來提升信用卡交易的安全性。Visa 希望透過與 Chain 的合作，探索區塊鏈在 Visa 業務流程中的應用，進而惠及客戶。

星展與渣打銀行聯手與 Ripple 開發供應鏈金融業務數位化應用。兩家銀行在 2015 年底宣布與科技公司 Ripple 合作，將區塊鏈技術應用在供應鏈金融業務，利用智能合約及點到點跨境交易的技術，將流程自動化並提高安全性。

各方相信，如果能透過創富區塊鏈的技術，將供應鏈金融的流程數位化並利用其公開、安全及不可篡改的特性，能大幅度減少貿易鏈上的欺詐案件，為銀行節約數百萬美元的風險損失。他們正在尋求更多銀行加入合作，一起測試該技術的應用與落地。

策略三：銀行內部推進局部應用，快速實施試點。

國際領先銀行紛紛成立創富區塊鏈實驗室探索及測試區塊鏈應用，除了加入同業聯盟制定標準，亦與金融科技公司共同開發應用領域；許多銀行也自行成立了區塊鏈實驗室，儲備技術人才團隊並針對最適合銀行自身的業務應用場景，快速實驗實施。

包括 UBS、花旗銀行、德意志銀行及巴克萊銀行都已經成立創富區塊鏈實驗室，自行研發或透過金融科技公司的協助，針對不同的業務應用場景進行研發探索。

UBS 成立實驗室聚焦發展債券發行及清算技術。UBS 在倫敦設立了創富區塊鏈技術實驗室，針對創富區塊鏈應用於多種金融交易以提升交易速度及降低交易成本進行研究。

在各類應用中，UBS 主要聚焦債券發行以及清算，研究如何降低清算成本，提升運營效率。UBS 還設立了針對全球區塊鏈相

關的創業者及初創企業的「UBS 未來金融挑戰」競賽，競賽中表現優異的創業者或初創團隊可進入 UBS 加速器，進行快速孵化，加速商用進程。

花旗銀行建立創新實驗室，測試創富區塊鏈技術在支付及跨境交易方面的應用。花旗創新實驗室已經在創富區塊鏈領域測試多年，創建了三個區塊鏈及自身的電子貨幣 Citicoin，進行不同應用形態的測試；作為全球銀行，花旗聚焦於區塊鏈在支付以及跨境交易領域的應用。在支付領域，花旗與電信運營商 Safaricom 合作，透過創富區塊鏈技術實現手機點對點支付。

四、4 大商業契機和 3 大行動

1.「創富區塊鏈」已成為全球金融機構創新的第一熱詞

歐、美、日、中國在比特幣生態圈的基礎設施和服務領域的發展較為領先，不僅集中了全世界 60％以上的比特幣掘幣能力，擁有全球最大的幾家交易平臺如 OKCoin、火幣、BTCC 等，中國平臺上的比特幣交易量占到全球的 80-90％，而且中國在掘幣礦機的製造以及晶片研究等方面的技術都處於國際領先地位。

如今，越來越多的關注轉向比特幣背後的分布式帳本創富區塊鏈技術，「創富區塊鏈」已成為各金融機構的熱詞。這主要得益於三個主要的推動力：

第一是監管部門的表態。各國央行紛紛發表了關於將盡快推出央行發行的數位貨幣的消息，認可了數位貨幣及其背後的區塊

鏈技術對於金融體系提質增效的重要意義，這極大激勵了各金融機構關注區塊鏈技術及其應用的內在動力。

第二是多家區塊鏈實驗室和專業投資基金紛紛成立，主要專注於區塊鏈技術前沿研究、知識傳播、風險投資和專案孵化。

例如萬向區塊鏈實驗室推出了「BlockGrantX」贊助計畫，每年舉辦 6 期，每期拿出 5-10 萬美元支持優秀研發或創業專案；其意義不僅在於為初創團隊提供啟動資金，更重要的是，將許多對創富區塊鏈技術有極大熱情和開發實力的個人和團隊聚合在一起，形成一個核心的區塊鏈技術社區，這對於中國本土區塊鏈技術的發展有重大推動作用。

第三是 2016 年 4 月分成立的中國分布式總帳基礎協議聯盟（ChinaLedger），該聯盟由中證機構間報價系統股份有限公司等 11 家機構共同發起，上海證交所前總工程師出任該聯盟技術委員會主任，這激發了包括證券公司和銀行在內的各金融機構的積極性，也掀開了中國參與創富區塊鏈技術研發和應用的新篇章。

在多個推動力的共同作用下，目前已有多家國有銀行、股份制銀行和證券公司組建團隊啟動推進創富區塊鏈技術的應用研究，並積極與國內外的區塊鏈技術公司洽談合作和投資事項。

如全國首批成立的民營銀行——華瑞銀行，已率先與 Ripple 簽署了戰略合作協議，共同運用 Ripple 協議，打造分布式支付清算解決方案。

2. 緊抓區塊鏈技術帶來的四大商業契機

對國內金融機構來說，選擇創富區塊鏈技術的應用形態時，應結合國內宏觀經濟背景、政策導向、金融體系面臨的主要痛點和問題，尋找最具有突破性，提升效率最明顯的應用為切入點。

契機一：數位貨幣

對銀行來說，央行年初的正面表態與方向性指引使數位貨幣成為創富區塊鏈技術應用領域最值得期盼的商業契機。首先，一旦數位貨幣進入流通，同業間結算和銀行內部的資金轉移和結算都將大大受益於點對點即時交易的特徵，使得過去在交易類系統和清算類系統方面的開發和維護成本可明顯節省。其次，由於數位貨幣的可追蹤性，銀行花費在如反洗錢、反欺詐等合規驗證和審計方面的成本將大幅降低。貨幣數位化以後，將帶來一場支付行業的重新洗牌，銀行將有新一輪的機會建構支付市場新格局。

數位貨幣還將衍生出更多的支付形態，例如在零售銀行方面，基於線上內容和服務使用進行極小微支付（如十分之一分錢）將成為可能；未來透過物聯網與區塊鏈結合，實現機器對機器（M2M）的自動支付。數位貨幣為未來的支付形態打開了無限可能，各個銀行早已提早布局，做新規則和新格局的塑造者。

契機二：跨境支付與結算

全球之間的國際貿易規模越來越龐大，近年企業層面（B2B）的跨境支付與結算業務將是一個重大的市場契機，一個低成本、

高效率、低風險的跨國支付與結算產品和方案，對於加強各個貿易型企業競爭力和盈利能力，尤其是中小型企業來說具有極大的推動作用。

據統計，全球涉及經常類專案跨境支付的結算金額約為 30 萬億美元，試想每筆跨境交易成本如果下降 40-50％，對包括銀行在內的跨境支付結算參與方都會是巨大的額外收益。

但是對於未能及時轉型，單純做跨境結算，依賴手續費作為主要收入的中轉銀行來說，則有被科技所顛覆的危險。

契機三：供應鏈金融

目前國際貿易融資市場已達到 30 萬億美元，預計到 2020 年可增長到 60 萬億元。然而在可觀的規模和增長背後，是由於交易流程複雜，參與方眾多，自動化程度低等原因造成的高成本、低收益現狀。

在利率市場化給銀行帶來的盈利壓力下，創富區塊鏈技術應用在貿易融資業務上不僅帶來非常可觀的成本節約，更能夠將交易流程大大簡化和自動化；進而提升了交易效率，減少資金閒置成本，降低交易與結算風險，優化客戶體驗。未來首先實現創富區塊鏈技術在貿易融資方面應用的金融機構，最能夠獲得業務擴張和新客戶獲取方面的先發優勢。

契機四：證券發行和交易

現在全球證券行業監管機構和市場參與者都看到了創富區塊鏈技術可能為證券發行和交易的現有商業模式帶來的機遇。在可預期的收益方面，股權登記和交易的數位化將大大減少交易的節點，將現存的大量手工、半手工驗證和管理工作。

技術價值回歸本源，滲透至生活的各方面。任何技術都有其自身的發展規律，不能因為短時的無所作為而忽視其潛在的價值。二十一世紀初 Internet 泡沫的破裂猶在眼前，然而今日 Internet 已然改變了我們的生活方式。

目前全世界約有 40 億 Internet 用戶，而全球區塊鏈的參與者大概僅有 400 萬人左右，0.1％的滲透率參照 Internet 技術的發展歷程來看，當下創富區塊鏈應用的成熟度，大致相當於 1994 年的 Internet。

總體來看，未來創富區塊鏈技術應用發展可分為四階段：

第一階段，以數位貨幣為起點，出現相關應用和支持軟硬體。第二階段，由數位資產開啟，各類資產可在區塊鏈上進行數位登記，得到資產安全和數據完整性保證。第三階段，創富區塊鏈更廣闊應用場景的打開將取決於生態系統進化，其中智能合約標準的制定普及是關鍵。第四階段，數位資產結合生態系統可打開創富區塊鏈價值網路的應用。

目前全世界的大部分創富區塊鏈技術發展仍停留以數位貨幣為主要形態的第一階段，儘管也有 Internet 的巨頭發布了區塊鏈

白皮書，但也處於概念發展與架構搭建層面。

根據 Gartner 的分析，創富區塊鏈技術達到生產成熟期所需要的年限為 5 到 10 年，而現階段其技術的革命性尚沒有實現的影子，未來的發展之路任重道遠。

泥沙俱下，始得真金！

創富區塊鏈從 2016 年的籍籍無名，到 2017 年的泡沫膨脹，再到 2018 年，如今巔峰一瞬，泡沫破滅滑向谷底。大起大落也讓創富區塊鏈技術價值回歸本源——脫虛向實，解決社會的實際問題，提高實體或者金融行業效率，真正實現創富區塊鏈服務於更便捷的交易、更低的交易費用，減少腐敗、洗錢等犯罪行為的社會和經濟價值。

想像一下，你無須信任任何陌生人但可與之進行交易；你毋需信任銀行但可安心的把積蓄儲存在那兒；你不需要信任政府，因為你知道它不得不公平、公正。創富區塊鏈可望帶領我們從個人信任、制度信任進入到機器信任的時代，重塑現有的生產關係。創富區塊鏈技術能夠跨越傳統中心機構主導的價值傳遞模式，幫助人們以一種全新的、快速的、且毋需仲介干預的方式交換各種價值。

創富區塊鏈能夠透過連接物理世界和虛擬世界，以智能合約的形態改變傳統的契約執行方式，讓整個社會價值的流通更為順暢。不僅如此，創富區塊鏈在未來對生活的滲透是全方位的，對各個行業都具有顛覆性的影響，改變了行業傳統的運轉機制，挑

戰仲介存在的必要性。創富區塊鏈在各個行業的應用形態：

1. 金融

創富區塊鏈天生具有向金融拓展的特性，不論是支付、借貸、交易、眾籌還是徵信，創富區塊鏈都能以其去中心化、不可篡改的信任機制，降低金融業務成本，從根本上提升效率。

2. 醫療健康

創富區塊鏈可以為醫療健康行業的共用和儲存數據提供高強度的安全性保障，同時還能保證數據的透明性與可靠性。

3. 物流行業

整體運輸程式可以透過創富區塊鏈技術進行縮減，提高效率；公眾能夠驗證並全程監控產品及物流過程；監管機構能直接參與，得到更完善的資訊。

4. 房地產

運用創富區塊鏈技術，可使房地產資訊更為透明，核查更為便捷，降低結算成本，資金的轉移也更為方便準確。

總而言之，創富區塊鏈技術被認為是繼蒸汽機、電力、Internet 之後，下一代顛覆性的核心技術，經歷炒作的泡沫破滅之後，讓創富區塊鏈的技術發展走上正軌，價值逐漸凸顯。

儘管技術走向成熟仍需時間沉澱，但我們需要相信，真金是

經得起汙名的摧殘與歲月的考驗，很快的創富區塊鏈即將在人類歷史的舞臺上大放異彩。

第三節 中小企業的大商機——
創富區塊鏈與健康產業結合

現在對於健康醫療數據儲存、共用和交易的安全性，雖然透過立法進行規範和約束，但在現有 Internet 的環境下仍然有監管不易的困難，而且監管成本也非常高，進而成為統籌運用健康醫療大數據的瓶頸。

現在透創富過區塊鏈得以對患者臨床與診療數據進行分布式傳輸、彙聚、儲存及分析利用，透過確認互信協議達成共識來維護數據的安全與信任，進而可以在安全合法的基礎上實現健康醫療大數據的共用和開放。

因此，創富區塊鏈是破解收集健康醫療大數據的瓶頸，確保健康醫療大數據的根本技術保障。

因創富區塊鏈本質上是一種分布式記帳技術，從數據角度可以看做是一個去中心節點的資料庫。它不是由某一方掌握的，而是各方一起參與記帳，利用一些簽名私鑰和共識機制演算法。

由於各方行為都是可追溯的，確保數據不被篡改或損毀，因此創富區塊鏈的自身技術特點更加適用於醫療形態。創富區塊鏈分布式結構可應用於醫療數據共用；不可篡改的時間戳特性可解

決數據和設備追溯及資訊防偽問題；其分布式記帳及多私鑰的複雜保管許可權的優點，可解決目前醫療資訊化技術的安全認證缺陷；靈活的可編程特性，可幫助醫療機構建立拓展應用等。

這使得我們可以透過區塊鏈技術，建立起一套互信共用的機制，規範醫療行為；進而在醫療機構、醫療保險、醫藥使用之間建立起透明可信的新型關係。

一、採用創富區塊鏈促進健康產業發展

各個中小企業可以善加利用創富區塊鏈進一步激發深化健康產業的動力和活力，提升健康服務效率和品質，進而推動健康大數據應用新發展。帶來的效益如下：

1. 完善全民健康資訊平臺，加快互聯互通，推進區域平臺建設

創富區塊鏈的獨特屬性，為所有的用戶提供了一個不可變且受信任的工作流程，具有「單一的事實來源」，以確保健康數據交換的完整性，使網路安全威脅最小化，並增加健康大數據治理的更深層應用。

「創富區塊鏈＋健康」的重點是擁有共用平臺的特性，既可以提供健康數據的即時交換，又同時可以確保對受保護的健康資訊交換的訪問控制，確保其真實性和完整性。因此，「創富區塊鏈＋醫療」將大大提高區域平臺的建設效率。

2. 推動個人健康檔案建設和健康管理工作

「創富區塊鏈＋健康」作為點對點數據共用網路模型的開源工具，透過預定義的用戶訪問規則提供身分管理功能，以增加用戶對其健康數據的控制以及參與健康管理的可靠性；另外，在不可竄改性質的創富區塊鏈系統上永久儲存加密的患者健康數據，可以提供單一、簡化的患者數據視圖；進而也讓用戶有選擇性的和他人分享其匿名個人健康數據，用於研究、直接支付獎勵和健康代幣以鼓勵健康行為和其他健康專案。

3. 精準醫療

創富區塊鏈應用技術及其用於健康數據無縫銜接的安全基礎設施，有望推動行業參與者、學術界、研究人員和患者之間進行前所未有的合作，加強醫學研究的創新，並實施更大規模的人口基因組研究，進而促進精準醫療的發展。

隨著藥物研發對精準醫療的大量投入，基於創富區塊鏈有時間標記的不可變記錄可能會消除臨床試驗數據調節的負擔和成本，並促進相互間操作性和研究共用。

「創富區塊鏈＋大健康產業」的結合，前景十分廣闊。inRecovery 創始人 David Sarabia 曾預測，到 2018 年底將看到「創富區塊鏈＋大健康產業」技術的大規模推出和應用。不少業內人士認為「創富區塊鏈＋大健康產業」在醫療、大健康產業的發展態勢可望超過金融產業。

　　從應用的角度來看，在創富區塊鏈上記錄的數據可以在一群人和機構中即時共用，同時保有匿名性。創富區塊鏈上每個記錄都有時間戳，並成為長鏈或永久記錄的一部分，事後不能被篡改。

　　因此，「創富區塊鏈＋大健康產業」被用來記錄個人健康資料及醫療記錄，能夠提高個人健康管理的完整性及隱私安全。未來個人不僅不用擔心自己的健康與醫療隱私被洩露，還能掌握自己的病歷記錄；醫生只有在得到授權後，才能查看這些資訊，且不用擔心資訊的遺漏和不完整。

　　德勤總經理兼德勤醫療系統專案 CTO 丹‧豪斯曼（Dan Housman）在《區塊鏈技術──醫療保健領域的新機遇》白皮書中寫道：「基於創富區塊鏈的可信任的醫療資訊交換體系可以從縱向觀察患者的健康狀況，開放公共健康新視角，最終有利於發展更多有價值的醫療服務」。

　　目前，創富區塊鏈技術在大健康產業的應用主要在電子健康病例、藥品防偽、醫療護理分析、醫療工具及物聯網安全、資訊認證等領域。

二、創富區塊鏈在大健康領域怎麼應用？

　　由於創富區塊鏈、人臉識別及人工智慧等新技術會給醫療帶來什麼樣的變革？這個問題或許在以下分析中可以找到答案。

1.「創富區塊鏈＋醫療」的大進展

　　創富區塊鏈技術在大數據交易和清算方面的優越能力，可以在

醫療行業發揮作用。首先，區塊鏈的「多中心化」，可以避免從中心轉發數據帶來的流量壓力。比如一些數據交易中心，雖然有政府的信用保障，大家都可以在上面自由交易；但是流量太大，平臺很難吃得消，創富區塊鏈能很容易解決這個問題。

其次，創富區塊鏈可以解決數據交易的信用問題，點對點的「一次性買賣」式數據交易很難持續，因為購買方拿到數據之後就還會再買。而透過創富區塊鏈技術，可以實現既能共享數據，又能保證數據不流出醫院的邊界，把主動權留在醫院，對研究數據的交易尤其有價值。

分享與共享是創富區塊鏈的前沿理念和應用，更能在醫療領域上有更好的應用。

分析如下：

(1) 藥品溯源：

2017 年某製藥公司發起了一個藥品供應鏈追蹤及藥品溯源的專案，這是一個開放平臺，其中的溯源系統並不是由一個實體或組織運作，而是由多家實體，包括開發商、分銷商和醫院這些上下游單位共建資料庫。

創富區塊鏈技術保證了數據在流傳過程中的不可篡改、不可變更，這樣就解決了各方的信任問題，而且可以節省成本。

(2) 電子病歷的應用

2017 年某公司推出了一個電子錢包，用戶把從自己的移動

設備或可穿戴設備上採集的健康數據同步到電子錢包，該公司可以把這些數據賣給保險公司、製藥公司或研究公司，銷售所得與用戶分成。另一個應用是電子病歷的共用，把用戶分布在各處的病歷資訊彙集到移動平臺上，然後賣給有需求的研究機構或者做深度應用，用戶擁有病歷所有權。

(3) 智能合約方面的應用

某醫療護理公司提供了一個平臺，把患者和提供醫療護理服務的機構和個人連接起來，以最終療效計費，療效達到要求則自動付款，該專案已經在俄羅斯和杜拜落地。像這樣透過智能合約對原有的服務模式、交易方式帶來巨大的改變，是代表未來的醫療方向。

根源於比特幣的創富區塊鏈技術，具有多中心化（或叫去中心化）、自動化、可信任等特點，這給醫療行業的發展帶來廣闊的想像空間。醫療服務模式的改變需要各個相關方參與，行業組織而不是行政部門能在這方面發揮更大的價值。應用如下：

A. 人臉識別＋醫療

中國的大數據應用分享了人臉識別在醫療領域的應用，首先是識別醫藥代表。2017 年 6 月，上海第十人民醫院人臉識別系統上線，監控攝影鏡頭遍布醫院及門診室內，一旦監控到人像和系統內醫藥代表照片相符，即警報提示，等候下一步處理。據悉這

套系統將在上海全市推廣。

B. 表情識別

美國心理學家埃克曼研究發現，人面部的 43 塊肌肉可以創造 1 萬個表情，其中 3000 個表情是有意義的，他由此推出了一套面部動作編碼系統。這套系統在測謊、談判方面有很多應用。

在此舉個例子，精神病患者跟醫生說自己已經痊癒了，但是出院後卻自殺了。埃克曼從醫院調來患者視訊，反覆研究患者談話時的表情，捕捉到一個不到 1/15 秒的痛苦表情，後來發現這個表情在該患者臉上出現了三次，由此判斷出患者是痛苦的。這個案例被改編進了美劇《Lie to me》裡。

C. 醫療美容

給患者拍照後，醫院的人工智慧分析儀可以對皺紋、毛孔、斑點、粉刺進行分析，然後給出個人化的皮膚解決方案，再加上供應個人化產品的生產線，藉此實現最好的「顏值管理」。

2. 智能醫療的反思

從「Internet 顛覆醫療」到「AI 顛覆醫療」，再到現在最火熱的「創富區塊鏈＋醫療」新技術開發應用，科技無疑是推動醫療健康生產力變革最重要的力量。

目前醫療上已能透過人工智慧，無論是圖象識別、文字識

別、語音識別，還是影像、病理分析，都是基於大數據分析得出一個概率性結論，並根據概率性結論指導醫療從業人員做出最準確的醫療工作。「春江水暖鴨先知」，善於從市場中發現、挖掘機會的商業人士，就該對所在行業更加敏銳。主要商機分析如下：

(1) 第一是「變化」

新醫療模式的加速崛起，首先表現在患者端，臺灣及中國60歲以上老年人口數量已達2.5億，各占總人口的17.3％，他們花費了大部分醫療服務費用。疾病統計上，發生了很大變化，像傳統的急性病、傳染性疾病在慢慢的減少；因為早診早治手段的開展，大量疾病包括腫瘤都在往慢病化趨勢發展，這意味著醫療服務的費用會大量增加。另外，中產階級開始崛起，更願意為更有品質、服務更好的醫療服務買單，但現有的傳統醫療服務模式，還沒有滿足這種需求。

其次，醫院正在進入一個快速私有結構化的階段，政府鼓勵第三方獨立醫療機構的發展，希望把傳統醫院內部的功能推向社會，用社會化的方式來提供這些服務。可穿戴設備、物聯網的發展，使許多原來在醫院進行的檢驗檢查，可以在居家環境下完成，醫院本身的職能在碎片化。

此外，疾病的變化要求大部分醫院的發展模式將從疾病治療轉變為與患者建立長期聯繫上，為其提供全生命過程的高持續、高粘性的服務。而商業保險的發展、按病種付費的普及等將使支付方的力量、話語權越來越大，一定會助推早預防、早干預的發

展，這也要求傳統醫院轉變發展模式。

這是目前看到醫療行業生態上很大的變化，我們必須用新的方式，用新的服務的內容，新的服務交付方式來滿足社會需求的變化。

(2) 第二是「割裂」

大部分醫院並沒有意識到醫療模式的改變，不知道自己已經身處「一口沸騰的鍋裡」，仍在滿足於門診大廳裡擁擠的人群，認為「生意」好得不得了，還在跟健保討價還價：「我們今年看了這麼多患者，做了這麼多檢查，你們是不是應該給我們更多保險份額」，但其實這是非常危險的事情。在另一方面，Internet＋醫療仍在核心醫療之外「打轉轉」。這並不是發展的方向，我們判斷傳統醫療的世界跟 Internet＋醫療的世界應該會相互逐漸接近，逐漸融合。

如何利用「創富區塊鏈＋健康」創造無數倍的投資收益？

比特幣自 2009 年 1 月 9 日誕生以來，靠著強大的應用場景和一次次事件曝光，逐漸從科技圈、資本圈進入到大眾視線。截止 2018 年 2 月底，比特幣的價格最高來到每枚 20000 美元，整體市值最高達到了 4 兆億美元左右。

2009 年比特幣剛剛誕生時只有被少數人瞭解，哪怕後知後覺從 2011 年開始投資比特幣至今也可以獲得超過 4000 倍的回報。中國比特幣首富李笑來，就是在比特幣誕生兩年後才開始參與到

比特幣的投資，如今他的比特幣資產超過 20 億人民幣，要知道他當年的總投資成本只有 100 多萬人民幣。

2017 年以來，一個新的辭彙「創富區塊鏈」不斷在各個媒體平臺被提及。幾年前，人們對比特幣充滿了各種不信任，認為它取代不了法幣，不過就是一個網路極客發明的新型龐氏騙局。然而，因有了比特幣對市場多年的教育，區塊鏈一出現就受到了各路資金的追捧，也受到了眾多公司、政府的青睞。

它的博弈機制、非對稱加密技術和數據結構，以及分布式帳本，可以透過去中心化、去信任化的方式共同維護一個可靠的資料庫解決方案。從大的方面講，區塊鏈可以解決千百年來的仲介機構乃至政府的社會信任問題；從小的方面講它可以應用到支付、銀行、股權交易、健康醫療以及最近很火的共享經濟等等。

其實，歸根結柢，創富區塊鏈最核心的革命特性是改變千百年來一向落後的信用機制，藉以讓信用的成本大大降低。

那麼，問題來了：**為什麼會出現信用革命？頂級資本認同嗎？創富區塊鏈會成功嗎？**

從宗教帳本到主權信用，再到信用革命，很少有人意識到，未來 10 年的生產力進步可能會等於幾千年的總和。更少的人意識到，迄今為止，生產關係已經有 160 多年沒有進步。

本質上，生產關係的改變可能帶來巨大紅利，生產力和生產關係本該是一對車頭和車廂一般的緊密；如今火車頭已經跑得很遠，但是車廂還在原地，這本身就不科學。回顧歷史，生產力在

工業革命後已經出現了長達將近兩個世紀的飛速發展，每一次高速發展都是對生產關係的顛覆，並會對世界進行一次資本洗牌。

生產關係來自權力，權力的早期來源於宗教的賦予，宗教藉助權力和謊言制定社會的行為規範以及財富的分配方式。

《聖經》、《古蘭經》、《佛經》就是最早期控制生產關係的原罪帳本。在漫長的中世紀，宗教＋軍事聯合體的這一模式一直穩定的延續了 1000 年，直到黑死病的發生，讓人們開始從愚昧走向科學。

在科學飛騰的時代，生產力的發展需要大量的勞動資料，人口資源的利用需要一種新的生產關係制度來維繫。於是，優秀的主權國家，開始強化「國家共識」，推動「價值互聯」，人類就又來到了主權信用社會。

當時，國家透過產權／股權交易市場，將國家貨幣鏈接更多的非標準化資產；這一過程，恰恰就像今天的數位貨幣世界所做的 ICO。建立在主權國家信用的社會體系上，國家強則貨幣強，具有較強信用等級的國家貨幣，完全可以利用其金融手段及貨幣手段去干預全球的生產力和生產關係的發展。

如今的生產力與 19 世紀相比，在大幅提高的基礎上，局面有著如下變化：

1. 勞動力的轉換：由多數勞動苦力參與，變為由少數高智商研發人員控制的局面。他們的生產力消耗的資源是虛擬的知識和數據，不是鋼鐵和木材，這是人類歷史上第一次核心生產資料看

不見、摸不著，而且被少數人掌控。

2. 經歷了 20 年的數位與網路化，越來越多的生產關係和交易都在雲端處理。這是人類歷史上第一次生產關係需要交給看不見、摸不著的雲端電腦程式，越來越難以干預。

3. 貨幣數位化：在無現金社會和電子貨幣社會的未來形態裡，大量的主權信用面臨著與數位貨幣的同時競爭。在這種情況下，到底是繼續信仰主權，還是信仰電腦？

迄今為止，生產關係已經 160 多年沒有進步，我們在享受工業革命、網際網路革命、資訊革命等等時代紅利的同時，也在使用著傳統守舊的絕對權力控制下的金融仲介和不透明的信用體系。現在的創富區塊鏈領域進行的加密資本投資，正是在進行一次打破原有信用體制的勇敢嘗試：

首先，運用創富區塊鏈技術打造擁有共用帳本、智能合約、隱私保護和共識機制等多種功能的產品，並在多領域進行應用。

然後，透過創富區塊鏈自身的加密貨幣市場，利用代幣進行 ICO 融資，進而打造一套內生的投融資體系。在這一過程中，中心化的金融機構將首先受到影響，然後蔓延到其他資本領域。

參與 ICO，是創富區塊鏈技術作用於生產關係迭代的一次嘗試，參與的結果會導致生產關係的重塑和財富的重新分配。這是新一輪財富分配的歷史性機遇，未來的加密資產將形成一個龐大的規模；而隨著各個商業巨頭進場，區塊鏈正被主流資本接納。

如果仔細觀察，我們會發現很多商業巨頭紛紛提及最多的

概念便是信用體系。創富區塊鏈將不只是創業主題，而是會像空氣一樣成為我們生活中的一部分。像中國馬雲積極推廣的螞蟻金服，可說是馬雲最為看重的業務體系，在馬雲的構想下，未來人們的生活將無現金化，並可以用信用來自由兌換商品。

這一切十分需要一種革命性的信用機制；這一機制，是螞蟻金服正在做的事情，就是想依靠區塊鏈技術建構去中心化的信任體系。無獨有偶，同樣的信任革命已經透過全球各大資本逐漸滲透到各行各業。

2017 年 3 月，企業以太坊聯盟（EEA）宣布正式成立，摩根大通、微軟、英特爾等近 30 家巨頭加入。2017 年 8 月，日本軟銀集團孫正義旗下的投資公司 SBI 宣布投資了區塊鏈公司 OMG，2017 年 8 月上線的 HMS，更是由原 IDG 團隊合夥人創立，試圖用互助醫療的形式來解決全民健康問題。

除了以上這些知名資本企業進入區塊鏈領域，還有更多數不清的創富區塊鏈公司已經不需要向知名資本募集資金。他們藉助區塊鏈技術的優勢，自己發行代幣，在公開市場上進行融資活動。這一方式被稱為 ICO，與證券市場的 IPO 頗為相似。

據統計，2017 年全球的 ICO 募集資金近 20 億美元，比 2016 年暴漲 1000 倍，這爆發式的增長引來了很多質疑。有人說這是利用政策漏洞進行非法牟利的行為。然從法律上來講，界定非法集資的重要判定原則看是否現金參與，然而區塊鏈領域的 ICO，完全是利用代幣形式進行募集，法律對此還沒有明確的界定。

當然，所有的新生事物，都會遊走在法律的邊緣，但是這麼多知名投資機構的參與，其實已經幫我們做了很多嚴謹細緻的調查和分析，我們可以放下心裡對新事物的抵觸情緒來擁抱變化。加密資本市場的變化已經到什麼階段？

據 Stand Point 創始人表示，加密資本市場規模將達到 2 萬億美元，他認為這一新技術不僅能延續多達十年的趨勢，還是一個確實可信的資產類別。這與上世紀 90 年代矽谷類似，產生大量的新技術，改變了人們的生活和工作方式。在美國矽谷，有 1500 個 ICO 已經推出，初創公司凡是可以 ICO 的都會進行 ICO。

更多風險資本追逐加密貨幣，風險家 (VC) 將被迫變成加密資本家 (CC)。我們都知道傳統的 VC 分類（種子階段、早期、晚期等等）會變成 pre-ICO，post-ICO。後 ICO(Post-ICO) 的 VC 會和對沖基金競爭，這不是個適合 VC 競爭的好地方。

前 ICO(Pre-ICO) 的 VC 需要像天使投資者一樣帶來附加價值，對於很多 VC 而言這不是他們熟悉和習慣的位置。最終（美國）證監會 SEC 會決定 ICO 這個領域究竟有多大。在我看來，多數 VC 面對這個新的顛覆性的現象，大腦還沒轉過彎來。

 ## 第四節 創富區塊鏈成功近在咫尺

美國高德納諮詢公司從 1995 年開始使用技術成熟度曲線來分析新科技從出現到成熟所經歷的幾個階段：

1. 觸發期：產品概念瘋狂，但是缺點問題很多，失敗的案例大於成功的案例。

2. 膨脹期：有成功和失敗的例子，但失敗的公司經過補救仍然不能存活。

3. 幻滅期：歷經前兩個階段所存活的科技，經過多方扎實有重點的試驗，進而對該科技的適用範圍有所瞭解，成功並能存活的經營模式越來越多。

4. 復甦期：在此階段，會因為一新產品的誕生而讓此科技受到主要媒體和業界的高度認同。

5. 成熟期：在此階段，新科技產生的利益與潛力被市場實際接受，實質支援此經營模式的工具、方法論經過數代的演進，進入了非常成熟的階段。

　　創富區塊鏈技術歷經了 10 年的發展，已經越過了期望膨脹期，進入幻滅期。越來越多的產品進入市場，也有一些像支付寶這樣的公司已經實現了盈利。倘若在接下來時間裡，有更多的公司透過創富區塊鏈技術獲得不錯的收益，一定會讓這項技術實現艱難的一躍，逐步走向復甦期和成熟期。

　　從目前全球市場對創富區塊鏈的態度來看，日本已經宣布比特幣合法化，愛沙尼亞已經要準備進行國家 ICO 專案，中國央行早在 2016 年就表態支持創富區塊鏈。

　　我們有理由相信，創富區塊鏈技術可以成功從一項新技術走向大眾的生活中；隨著創富區塊鏈的普及，加密資本也將會在未來成為規模最大的金融投資領域。我們處在巨變前夕，99％的人看不見，0.8％的人看不起，0.19％的人看懂了，0.01％的人在行動。大漲 1000 倍已然不是神話，因為有人藉著創富區塊鏈投資實現財富自由！

　　很少有人意識到，創富區塊鏈的應用—— Token 可能是近 100 年來最偉大的制度創新，超越股份制，將是「債券」之後最重要最主流的交易品種。

一、無可阻擋的文明進程

　　2018 年初，回顧過去一年，幾乎所有的舊秩序和規畫都顯得蒼白。科技進步，直接捅破了政治、金融、軍事領域所有的玩法，讓工業革命以來形成的規則變得一錢不值。而且，當下的最重要的技術趨勢——創富區塊鏈、AI 和 IoT，正在引導我們走向全新的未來。

1. AI（機器智能）——生產力：

　　讓人類交出計算主控權，機器人走向了本體意識的演進道路，並將迅速超越人類，人類將不配賦予機器智能。

2. 區塊鏈——生產關係：

機器深度介入生產和分配，人類逐步交出了中央主控的信任機制，協議控制人類的信任與生意，現有的人類文明和商業生態，成為計算網路上的億萬應用的一部分。

3. IoT——生產資料：

讓人類交出了萬物之靈的優勢地位，機器智能喚醒了萬物，數據是物體的靈魂和血液。歷史上，真正的文明進程，是無可阻擋的，新舊交替時期，都是新玩家以超過 1000 倍的力量碾壓舊勢力，瞬間完成交替；文明的車輪滾滾向前，不容質疑，不容猶豫，不容思考。

蒸汽機以 1000 倍以上的力量，完成了對人力的全面替代，推動人類加速向前；電腦以 1000 倍以上的速度，完成了對腦力計算的替代，推動人類更加智慧；今天，AI ＋ IoT ＋區塊鏈，將以 1000 倍以上的效率和制度優勢完成對核心生產資料——數據＋算力的定價和交換，推動文明走向更高等級。

雖然，關於技術的爭議越演越烈，關於人類要被機器統治的擔憂甚囂塵上；但是所有的資本和技術人員都在拚命參與數位文明的進化與建設，唯恐被時代甩下。塔勒布在《黑天鵝》中曾經說過：「歷史，是跳躍著前進。它總在我們不經意間，跳上我們無法想像的斷層。」

我們已經進入到一個人類已經完全無法控制的歷史進程中，時間系統無法回滾了，我們只能全然接受；在新的緯度上，去展開時間的長卷；否則，時間會毫不猶豫的把你我消滅。

最巧妙的創新，最高速的演進。

加密代幣 Token 是創富區塊鏈技術最巧妙的實踐，是人類社會與機器智能網路交互的最重要的協議和數據載體。人類社會的商業場景，必須轉化為創富區塊鏈層面的**數據**和**價值**，來驅動電腦執行。

今天，在比特幣、ICO、加密代幣 Token 的議題上，建制派深惡痛絕，怒斥龐氏騙局；革新派不屑一顧，向前躍進。誠然，眼前大部分的加密代幣 Token 都價值存疑；但是在未來的圖景下，機器人來服務人類所有的商業行為甚至生老病死，比特幣及加密代幣 Token 就是一個最起碼的門票和語言。

創造一個好的加密代幣 Token，幾乎是人類被機器排擠出生產活動之前，能夠做的最有意義的事情。

對於加密代幣 Token 的理解，以及對於創新的接納；我們必須承認，人類是有時代侷限性的。我們站在過去看未來，無一不是荒誕不經，不成體統，甚至是離經叛道。

生於 40 年代的老年，看千禧後可有一個正經靠譜？恐怕個個都是不肖子孫。成名於 1990 年軟體時代的雷軍，看推銷 Internet 黃頁服務的馬雲，只怕滿心疑竇，這個人是不是詐騙犯？

歷史上還有更多例子，西元 1902 年，老佛爺慈禧太后 67 歲

壽辰，時任直隸總督兼北洋大臣袁世凱將北京城第一輛汽車送給老佛爺。老佛爺上了車後勃然大怒，她不能接受像司機這樣的奴才居然坐在她前面，而且不是跪著開車，一切都是不合祖制。

15 世紀初，古騰堡（西元 1398 － 1468 年）在歐洲發明了活字印刷，推動文明的壯舉卻被天主教封殺；因為此舉打破了宗教權威對於書籍的壟斷，褻瀆神明。大部分超越時代的創新，長得都像詐騙。但是真正的創新是攔不住的，時代的進步，是不以人的意志為轉移的。

未來難道我們還要用紙鈔來支付手術機器人報酬？有自主意識的自動駕駛汽車，還會接受人類用美元付款？法國的汽車機器人，怎麼支付給另一機器人的修理費用？

今天我們看萬事萬物都應用創富區塊鏈技術，似乎沒有必要，因為顯得繁複低效。但回首十年前，1998 年 Amazon 在 Web 頁面上登記貨品做電商時，當時的人們也認為這看起來多餘，繁複低效。其實，創富區塊鏈是將萬事萬物陳列到機器世界的「貨架」上，更是對 AI 統一標識，確保未來可以互操作。就像電商透過二維碼登記貨品，其實是對人類統一標識，確保物流過程中可以相互操作一樣。

將人類的生老病死，一切數據，一切商業流程，對 AI，對未來的世界全面改造；透過區塊鏈／加密代幣 Token，統一標記，誰說不是當前最重要的事呢？

二、最重要的企業戰略，最可怕的社會變革

加密代幣 Token 不僅僅是一串字元，更是鏟平人類社會結構的最效率的工具。在人類的碳基文明向矽基文明的變遷過程中，我們最終要經歷一個痛苦的變化過程，經歷一個看破謊言、戳穿虛偽、碾平組織結構的巨大的歷史進程。

加密代幣 Token 的本質，是金融權利的被技術穿透，技術進步帶來的天賦人權。每一個碳生物和機器人都是平等的，每一個人類都可以用自己的信用做背書發行 Token，來募集生產資本去實現自己的想法，不需要被任何人類社會組織結構剝削和脅迫。所有的價值，應該都是基於人和人、人和機器、機器和機器之間形成的共識，透過 Token 予以確認。

當然，眼下機器人主導的世界還未到來；但是，區塊鏈帶來的技術變革、思潮，甚至引發的國家體制競爭，正在推倒第一張多米諾骨牌——凝聚共識的法定貨幣。

在《帝國斜陽：秩序和共識危機》中提到，全球 200 多個國家的 200 多種貨幣，能拿來存錢的不超過 5％，其他 95％都是手紙。從流動性和認知程度上，比特幣這種數位商品，已經打敗了大概 70％的法幣。這時候，我們不禁要問，發跡於 Internet 的比特幣，怎麼就比那 70％的法幣強悍了，究竟誰才是龐氏騙局？

三、讓我們再從貨幣的源頭說起

貨幣的本質是債券。它原本是以一種度量尺度，一種抽象

物，同時也作為衡量人類之間的關係，更是主導人類數千年文明的核心金融工具。

貨幣並不僅僅是為了物物交換出現的，在 5000 年前，人類已經在使用複雜的信用體系進行商品交易。信用體系的存在遠遠早於硬幣和貨幣的出現，在沒有貨幣的年代，人們並不「易貨」，他們互相饋贈，有時以進貢的形式，有時會在晚些時候得到回贈，有時則是純粹的禮物。

貨幣是埃及等古國或蘇美爾的神職人員為更有效的收稅或計算財富而創造出來的。價格概念和冷漠的市場應運而生，使金錢讓責任和義務變成債務；貨幣的出現，本質上是為了強化債務，壓榨勞動人民。貨幣更像是一個政權所完成的 ICO 程式，透過發行貨幣向用戶借錢，來提供基礎的國防、治安等公共服務。通俗來說貨幣本身，就是國家的債務，是國家向其人民借來的。

在價值管理方面，法定貨幣本身劣跡斑斑，並不比今天的 Token 好多少。美國獨立戰爭期間，大陸貨幣超發了，無法用足額貴金屬償還，只能用槍炮逼著各個州的人民使用大陸貨幣；有的州看不下去，索性自己印。俄國革命期間，發生了超級通膨，1924 年，通貨膨脹結束時候，一個新的盧布可以兌換同一個政府發行的舊盧布 500 億元。

對的，你沒看錯，是 500 億。而已經被某同志搞死的沙皇，他發行的盧布依然在市面流通，居然持續有強勁購買力，主要原因就是沙皇盧布已經不發行了，總量恆定。

一戰之後，德國發生超級通膨；二戰後，1950 年，德國經濟崩潰，外國貨幣被禁用，香煙和干邑白蘭地就是當時事實上的最強貨幣。捍衛法幣的時候，大家往往想到黃金，但是黃金的本質和隱含的衝突，卻讓政府寢食難安。

1873 年，美國人為了恢復貨幣信用，逐步收回當年戰爭時期憑空印刷的紙幣，推出了《1873 年鑄幣法案》，將美國從黃金白銀本位制度，推進到單一的金本位制度。

經濟後果：通貨緊縮。由於當時幾乎所有的西方國家都採用了金本位制，使黃金需求急速上升，黃金出現短缺，造成了較長時期的通貨緊縮。從 1870 到 1896 年，美國的實際價格按每年 1.5% 的水準下降。

政治後果：勞動者話語權提升。大地主和白銀集團大力渲染金本位的壞處——通貨緊縮，實質上因為金本位帶來的通貨緊縮弱化了債權，提升了勞動者的話語權。法案得到了巨大的抨擊。參議員約翰雷根認為「我相信歷史會記錄，這一路史無前例的立法罪行，是侵害美國人民和歐洲人民福祉的最險惡陰謀」。美國政治家民主黨和平民黨領袖威廉‧詹寧斯‧布萊恩（William Jennings Bryan）就更直白了「你不可以把荊棘皇冠硬扣在勞工頭上，你不可以將人類釘死在黃金十字架上」。

黃金隱含了巨大的衝突：政府需要黃金背書法幣，增強信用；法幣卻不能直接連結黃金，方便賴帳。貨幣連結黃金，無法剝削勞動人民，無法透過貶值變相收窮人的稅。工業時代，窮人

是政府的燃料，沒有這些燃料，政府與利益集團就要陷入到財政危機。

因此，工業時代，最重要的工業國都大量持有、大量搜集黃金。越是打仗，對於黃金越是饑渴。黃金歷史上，有過著名的「山下奉文黃金」；二戰中，日本軍國主義者專門成立了掠奪亞洲人民財產的祕密機構，囤積黃金等重要物資。

傳說戰敗前，為了幫助日本東山再起，陸軍大將山下奉文在菲律賓祕密埋下了作戰行動用的資金（山下寶藏）175 處。戰後，山下寶藏約 50 噸黃金成功運回日本，其餘要不是被擊沉遺落海底，就是不知所蹤，謠傳被美國人吞沒，成為冷戰的資本。黃金是不能進入流通的，這是政府的敵人；所以，有著類似於黃金屬性的比特幣出現，大老們又愛又恨。

黃金可以入庫和管制，但是這種「數位黃金」除了期貨，真的是難以約束。為此，2018 年芝加哥商品交易所（CME）開始了比特幣期貨交易；從 CME 期貨上線起，比特幣從超過 2 萬美元的價格，一路下挫，幾乎腰斬。終於，華爾街大老用期貨，將比特幣裝進了制度的「籠子」裡吊打，用小皮鞭子抽起來了。沒有無緣無故的大漲，也不會有無緣無故的大跌。

CME ／ CBOE 等老牌金融機構上線比特幣，也是不得已而為之。本來，美國的科技與金融的勢力分布，相對均衡；東海岸紐約，西海岸矽谷，我割我的金融韭菜，你搞你的科技泡沫，相安無事。但是，中本聰搞出來的比特幣的加速上漲，讓整個西海

岸的科技大老們看到了徹底大洗牌的希望。

今天的美國西海岸，聚集了全球價值最高的科技公司，他們有全球最好的人才和生產力；如果，能夠推動數位加密貨幣發展壯大，不僅僅可以擺脫法幣約束，自我造血，更能形成真正全球化有更強自治權力的公司帝國，從此一枝獨秀。

比特幣上漲，不是一場騙局，而是一場最深刻的較量，這是在美國土地上，東西海岸的權力角逐。今天的矽谷，大老們不僅僅掌握著全球最值錢的科技公司和娛樂公司、傳媒公司；而且都已經滿倉比特幣的時候，再不遏制，紐約代表的東海岸金融勢力，將永遠且全面失去話語權。作為國之重器，漢密爾頓所開創的美國金融基石將被一群碼農瓦解，連重建的機會都沒有。

拋開比特幣不談，今天的我們，絕不能低估了比特幣及Token（代幣／通證）的歷史意義；對於人類的進步而言，這是史詩級的變化。首先，我們第一次擺脫了「債」的體系，以「Token」來計量無形生產資料。這是人類文明有史以來第一次。

其次，Token是加密的，政府無法監管、無法剝奪、無法控制，100％避稅，穿透了所有金融監管和法律體系，讓金融牌照廢紙化，是首個超越暴力控制的產權模式。

最後，Token天然是去中心化的、動態的，是認同的一種標誌。隨著核心生產資料從土地、礦產和能源，變成算力、智力和數據，勞動者、企業主的話語權越來越強，人才和智力是無法接受法幣剝削的，只能撮合、交換、達成共識。

四、共識機制決定組織興衰成敗

生產資料稀缺時代，暴力形成共識：暴力的強弱決定了國家的興衰成敗。滿清的衰朽和倒臺，恰恰就是八旗子弟爛如泥，湘軍和地方武裝積極發展的結果。暴力，這種最大共識被打破了，所以滿清潰散。如今，美元與軍事力量掛鉤，道理如出一轍。

生產資料充裕時代，共識來自於獨立意志：組織和個體可以逐步脫離國家框架約束，自由遷徙，自由生產，共識只能來自獨立意志的自由選擇。

就像美國不會聽英國的，因為美國是獨立的，未來人類的殖民地火星也不會聽地球的；除非，雙方有共識。每一個加密代幣 Token 就是一種共識，就像 TCP ／ IP 協議一樣，自由選擇，自主配對。

我們相信，當所有的無形資產的加密代幣 Token 化，必將形成無比龐大的新資產，精神文明遠遠大於物質文明；加密代幣 Token 時代必定遠遠超越法幣時代。不依賴於暴力、忽悠和洗腦，獨立形成的共識是最值錢的，是新型文明的標誌。

加密代幣 Token 所代表的生產關係，讓我們有機會實現接近於理想狀態下的共產主義：生產資料極大豐富，人們開始回復到人的本質——自由的有意識的活動，在物質高度發達的前提下，異化勞動不復存在，勞動變成了人的真正需要，分工和交換失去了存在的土壤，貨幣不再能操縱人類，人類的生命展現其高貴。

1. 創富區塊鏈的財富到底從何而來？

中國經濟學者周子衡認為，未來新經濟將以從生產大爆炸到交易大爆炸的轉變為標誌；他認為現代經濟的分水嶺是大蕭條，這標誌著一種全新的危機。過去，古典經濟學因為以「稀缺」為基本出發點，整個社會的基本邏輯為「大生產」主導，「大生產」也是工業文明的標誌；「大生產」將大部分經濟資源加以吸收，消費者只扮演儲蓄和消費的從屬地位。

大蕭條是典型的大生產走到盡頭的形態，因為生產端幾乎吸光了經濟資源，對整個經濟生態是一種破壞。網際網路經濟的出現開始顛覆這個邏輯。過去交易跟不上生產，但網際網路的出現使得交易量爆發。在經濟生態上第一次象徵性的使得交易超越生產，周子衡認為交易大爆炸是網際網路經濟的主要特徵。

2. 交易大爆炸究竟如何產生財富？

最重要的結論是：交易大爆炸讓消費者與投資者間的界限開始消失。交易大爆炸使交易速度能趕上甚至超越生產速度，超過生產速度的交易很容易變成投資行為。網際網路極其方便交易，使得消費跟投資實現隨時轉換，所以消費者與投資人之間的界限開始消失。有別於舊經濟以企業為中心的大生產邏輯，經濟資源開始向個人匯集；到創富區塊鏈時代，這個狀態會更明顯。隨著人工智慧、物聯網的興起，人們將來主要會扮演投資者而非消費者的角色。

3. 何以交易大於生產就是市場經濟的升級？

亞當・斯密作為現代經濟學的鼻祖，他的《國富論》的最偉大之處就是轉變了人類對幸福和財富的思考方向。國家富強不靠國王靠市場，市場沒有中心，但需要消費者和投資者遵守基礎協議（互通有無、等價交換、公平競爭）；而政府建立法制來維護這樣一個系統，讓消費者和投資者正當行使在市場中應得的自由，這個所謂的市場就會產生財富（低熵、有序的價值）。

4. 為什麼執行市場基礎協議，就能產生財富？

用現代物理學來解釋這個問題，這個問題相當於：一個系統怎麼能不違反熵最大原理，而源源不斷降低熵並產生價值？可以用物理學上的「馬克斯威妖」(Maxwells Demon) 理論來解釋。「馬克斯威妖」是物理學上的一個假設，其理論是一定要耗散一定的能量（每個比特至少要耗散 $kT\ln2$ 的能量，T 是環境溫度，k 是玻爾茲曼常數），才能讓資訊本來擁有的不確定的、熵最大的狀態變成一個熵減小而資訊確定的狀態。

市場是一個更大的「馬克斯威妖」智能系統，根據亞當斯密的理論，消費者擁有權利，在進入市場以後，進行購買時一定會挑更好的商品，所以每次購買的行為都對這個系統產生熵減的作用。

創富區塊鏈的主導邏輯也是如此，分布式決策系統每一個節點都有決策功能（剔除二次支付），充當了系統的「馬克斯威

妖」，N 個結點的決策系統每秒熵增 Nkln2；而中心決策系統須解決 2 的 N 次方的難題（加法難度的增加變成了指數難度增加），會受到相對論的限制；而分布式智能系統熵值減小的過程幾乎不受此限制，效率大大提高。

市場系統在沒有中心指揮的情況下保持低熵和整體智能，主要靠市場基礎協議，消費者和投資者都是「馬克斯威妖」；而投資「馬克斯威妖」比消費「馬克斯威妖」更需要智能。投資「馬克斯威妖」，首先需要建立產權制度，明確資產的所屬權。

因為只有產權明確的歸屬，才能有資本概念，有資本才有投資，才能形成資本市場，才能創造財富。壟斷就是嚴重侵害「馬克斯威妖」選擇權利的行為，所以資產確權和統一的基礎協議都是維持市場低熵缺一不可的因素。

創富區塊鏈可以低成本的讓 Internet 上的數位資產確權，進而降低全球的信用生產成本，有可能讓廣大消費者順利過渡為投資者，創造一個全新的財富時代。

5. 信用的產生是為了提高市場效率

信用促進了金融的產生，人類的信用有兩種選擇，要麼相信物（資產），要麼相信人。「布雷頓森林體系」失敗後，信用的生產越來越向人傾斜，我們現在生活在人類歷史上少有的一個只能相信人的信用階段。

全球信用資源現在是極其昂貴的，當前的這種信用生產模

式，想讓全球交易速度能夠超過生產速度，實際上做不到，所以出現了新的技術——創富區塊鏈。

創富區塊鏈即分布式記帳共識，實際上就是希望建立一個「馬克斯威妖」的智能系統。每個記帳人都變成「馬克斯威妖」，基礎協議就是蓋時間戳，防止重複支付，進而使得整個系統可能保持一個低熵，能生產我們最為重要的資訊——信用。比特幣的創富區塊鏈為將來全球信用提供了一個最根本的錨定機制，將來很多信用可以存到創富區塊鏈裡邊，全網證明。

但是它不是黃金這種最原始的物質錨定，它是數位加密錨定；創富區塊鏈產生網路信用真正的意義是使得網上虛擬資產確權的速度跟得上交易速度。

將來的大數據可以確權到個人，將數據加密成 HASH 值儲存在區塊鏈上，只要全網記帳，就不可篡改，能作為信用基礎，而且是全球概念的。數位資產確權的速度跟得上交易的速度，信用生產的速度跟得上交易的速度，這是區塊鏈對未來生態經濟可能產生的最大的顛覆。

第五章
從創富區塊鏈觀看各行各業投資理財新模式

在未來，每個成功的創富區塊鏈應用都是一家生態型「未來公司」。

創富區塊鏈，本質上是一種分布式的共識與價值激勵的技術，一方面透過數學和演算法實現了整個系統的共識與信任（規則與交易），另一方面透過代幣（Token）保證了生態體系的價值激勵（財富記錄）。

未來公司將有三個特點：**分布式去中心化、毋需第三方信任體系、數據不可以竄改。**

我們可以先來看看比特幣區塊鏈、以太坊區塊鏈是什麼。比特幣區塊鏈，目前最大和最成功的區塊鏈應用，其白皮書開明宗義指出其本質是「一種點對點的電子現金系統」。

在這個創富區塊鏈系統中，根據一套協議（共識），「比特幣」可以不依賴特定的中心機構發行，它是節點（礦工）透過工作量證明機制（POW，Proof of Work）獲得參與到系統的權利（創建區塊、驗證交易），根據「挖礦」而產生，並把它記錄在去中心化的「帳本系統」中。

「比特幣」只是比特幣區塊鏈上的一條記錄，一種可信的數位憑證。比特幣區塊鏈是「去中心化的數位代幣公司」，創造「數

位代幣」是其核心價值。而以太坊區塊鏈，其定義是下一代智能合約和去中心化應用平臺。簡單的說，以太坊＝數位代幣＋智能合約。

以太坊能讓用戶創建並管理一個去中心化的應用程式商店，是「區塊鏈行業的 Android 應用商店」公司。以太坊區塊鏈系統的價值激勵，發行「以太幣」，也是透過 POW 機制發行。

可見以太坊是在比特幣基礎上升級，其不僅「去中心化的數位貨幣公司」功能，同時還建構了一個創建區塊鏈應用的功能；同時其「數位貨幣」發行構成與比特幣更複雜，其設置了一部分 Pre-mine（礦前），解決了以太坊區塊鏈本身運營的資金問題。

但是，主流經濟學家及投資人都認為這些數位資產毫無價值，純粹是「泡沫」、「投機」。斷言區塊鏈技術能創造「未來公司」，似乎為時尚早。

2016 年，第一個完全創富區塊鏈化的公司專案就是「The DAO」，其融資額已高達 1.6 億美元，很受追捧，但是因駭客攻擊而飽受爭議。不過，400 年前股份公司、證券交易所誕生之初，也是如此受到質疑。那麼，區塊鏈技術和 Token 經濟模型，如何促進公司新的演變？

人類所有的財富創造經濟活動，從原始發展到現代，歸功於自由市場經濟機制，過去 40 年中國經濟成就也是證明。自由市場體系或許是人類已知的最好的財富創造制度，但有著相當的脆弱性質。

　　一方面是來自國家層面中心化共識的脆弱，另外一方面則是來自市場主體本身的中心化（壟斷）趨勢。2017 年《財富》世界 500 強排行榜企業總營業收入為 27.6 萬億美元，占全球 GDP 總量 37.3%（74 萬億美元），超過了 1/3。

　　在 Internet 時代，這一特徵尤為明顯，美國有五巨頭「FAMGA」中國有「BAT」，未來全球市值最大的 10 家公司將均為 Internet 科技公司。

　　結果顯而易見，以美國為例，根據美國國會預算辦公室報告顯示：2013 年，全美前 10% 最富有就家庭占了全美家庭財富總和的 76%，51% － 90% 階層的家庭占有 23%，而全美最底層的民眾僅占有全美家庭財富的 1%。

　　公司導致的集中化，本質原因是資本的一元化，即現行公司是以貨幣資本為中心的，作為人的勞動並不能作為資本成為公司資產。創富區塊鏈技術的出現，將改變當前以資本為中心的「股份公司」現狀，進化成為貨幣資本、人力資本以及其他要素資本融合的組織。這對現行法律制度和監管體系是巨大挑戰，不過先行者已有成功的實驗。

 第一節 從華為虛擬股權看趨勢：
　　　　 成功運行的加密代幣 Token

　　我們可以看看華為的成長歷程，30 年前，華為從 2 萬註

冊資本起步，成長為中國科技企業的名片，2017 年的收入超過
6000 億元人民幣。1987 年，任正非與 5 位合夥人共同投資成立
深圳市華為技術有限公司（即華為前身），註冊資本僅 2 萬元。
三年後，華為公司即自稱實行廣泛的「員工持股制度」。

　　2001 年 7 月，華為股東大會透過了股票期權計畫，推出了
《華為技術有限公司虛擬股票期權計畫暫行管理辦法》。推出虛
擬受限股之後，華為公司員工所持有的原股票被逐步消化吸收轉
化成虛擬股，原本就不具實質意義的實體股明確變為虛擬股。華
為 2016 年報顯示，員工持股計畫參與人數為 8.2 萬人，其中任正
非占公司總股本的比例約 1.4％。華為虛擬股權和區塊鏈專案有
些類似：新產權框架，共用制，非資本主導。

　　類似發行機制，實現人力資本的轉化。將華為虛擬股權作為
一個區塊鏈專案來看，可類比之處主要是以上三個關鍵點，但並
非完全意義上的區塊鏈專案。

　　主要是華為虛擬股權沒有去中心化的記帳，也是飽受爭議之
處：《金融時報》在一篇報導中這樣描述華為虛擬股權登記——
「在華為深圳總部的一間密室裡，有一個玻璃櫥櫃，裡面放了
10 本藍色的冊子，這些厚達數公分的冊子裡記錄著約 80000 名員
工的姓名、身分證號碼以及其他個人資訊……」向外國記者首次
展示持股簿冊，是華為所做努力的一部分，目的是反駁有關華為
在股權問題上一直不夠透明的批評。

　　《財經》雜誌中對華為虛擬股權登記這樣描述——「每年

此時，表現優異的華為技術有限公司（下稱華為公司）員工們會被主管叫到辦公室裡去，這是他們一年當中最期待的時刻。這些華為公司的奮鬥者們會得到一份合約，告知他們今年能夠認購多少數量公司股票。這份合約不能被帶出辦公室，簽字完成之後，必須交回公司保管，沒有副本，也不會有持股憑證，但員工透過一個內部帳號，可以查詢自己的持股數量。」但是，這完全不影響華為虛擬股權制度，被視為偉大的區塊鏈專案實驗。

 ## 第二節 公司 2.0：創富區塊鏈技術＋加密代幣 Token 新經濟時代

公司進化的大幕已經開啟。

華為的實驗，說明透過發行類似加密代幣 Token 的權利證明，將人力資本作為財富創造與財富分配的要素，是一個有效的機制。經濟學家科斯認為，公司（企業）存在的意義，在於降低市場交易成本。區塊鏈技術和 Token 經濟模型，可以對公司進行升級，解決市場交易成本問題，在數位世界建立一套以去中心化的方式實現財富證明、財富流動、資源配置與分工協作的價值激勵系統。

現在，有了以太坊及其訂立的 ERC20 標準，任何人都可以在以太坊上發行自定義的加密代幣 Token，這個加密代幣 Token 可以代表任何權益和價值。這種基於創富區塊鏈技術發行加密代

幣 Token 的新物種，就是公司的 2.0 版本。

　　本文重新審視華為虛擬股權制度，以創富區塊鏈技術和 Token 經濟模型，將人力資本引入現行公司框架，形成「股權＋加密代幣 Token」的二元結構，建立一種更好的公司系統，實現整個社會財富創造的風險共擔，利益共用。或許可以再誕生十個或百個華為。

一、創富區塊鏈，選擇比努力重要！

　　對於財富的追求，每個人都有自己的看法與信念，但對於比特幣的財富認識，值得一說再說。

　　購買比特幣的人通常不會告訴親朋好友，省得讓他們「關心」自己，如果真的要向他們解釋清楚比特幣與區塊鏈，又是一件頭大的事情。本人在前兩個月一高興，一不留神在個人微信朋友圈上，展示精美的比特紀念幣，馬上就引起親朋好友的關心；既然關心了，我得表示感謝，順便費點神向他們簡單普及一下比特幣知識，但似乎也沒什麼用。

　　對身邊朋友講清楚比特幣是什麼，就像給 80 年代的民眾講清楚網際網路是什麼一樣感到困難。

二、說服人比登天還難！

　　有一次向好友們苦口婆心滔滔不絕用了三個小時大談比特幣的投資機會，最後，他們呆呆望著我說：「想不通，我買進比特

幣對你有什麼好處？」這時我才回過神來，原來他們當我是傳銷了。所以，當中國空軍司令郎教授在廣東衛視上不斷重複他認為的「真理」，把比特幣等同於詐騙、空氣、虛無飄渺的東西，因為沒有法償性與國家認可。但貨幣與國家強制認可有關係嗎？貨幣本質上是大眾普遍認可的交易媒介。

在歷史上黃金做為貨幣需要國家的認可嗎？貨幣（紙幣）由國家認可強制流通只是近代的事情，馬克思說：「金銀天然不是貨幣，貨幣天然是金銀。」金銀做為貨幣是人們長期交易過程中不斷認識不斷選擇的結果，是一種共識，與國家強制認可有必要關係嗎？

但創富區塊鏈技術做為每一個國家新技術領域戰略發展的方向之一，與雲端計算、人工智慧、大數據、VR 等最具革命性的前沿技術並列，這可是實實在在的事實。

而創富區塊鏈技術在金融領域的重要運用之一就是數位貨幣，對於新技術不能說沒看到就不存在。比特幣總量恆定（2100萬個）、安全可靠（八年來受過無數次駭客攻擊，沒有一次被攻破）、去中心（共識機制）、永遠存在，這與鬱金香泡沫，根本就不是一回事！所以今天我向全世界宣告「比特幣現在或許不一定是貨幣，但不久的將來，世界貨幣是比特幣」。

三、財富的努力與選擇

現以中國大陸為例，由於歷史原因，大陸民眾創造財富只能

從改革開放後的三十年說起；我們可以把過去三十年簡單做個分析，大體可分為三個大週期。前20年，也就是70年代末到本世紀初這二十年，應該是勞動創造財富，因為物資貧乏，體制轉型，一切以黨和國家的工作為中心開始轉為經濟發展，那些年只要勤勞就賺錢。

中國最為典型的是溫州農民泥腿子上岸，全國跑業務，前幾年大陸中央電視臺播出的《溫州一家人》就說明了當時社會創富狀況，很多萬元戶都是跑業務的，家家戶戶都能賺錢。那個年代，越勤奮、越辛苦賺錢越多。

到了2003年以後，則是靠資產升值的年代，特別是房產資產。最終的結果就是努力勤奮已經賺不到錢了，關鍵是依賴資產升值賺錢。北京上海廣州深圳的房子飆升的背景下，你再勤奮再努力，不如買一套房子划算。過去十年悲催故事不斷上演，有人把自己家房子賣了去做實業，勤奮努力，最後發現所賺的錢都不夠自己當年賣掉的房子再買回來。這個十年你要創富，買房子就行了，躺著賺大錢。

2003年買房子的話，差不多到現在基本上都是十倍以上回報，算上槓桿，基本上就是五十倍回報。創業板上千家公司發現公司幾年來辛辛苦苦賺的錢，還不如當時買下給員工當宿舍的房子增值的多；而且大多數公司還根本不賺錢，報表上的利潤就是賣房子的錢，這就是現實。如果你不參與到資產升值的趨勢中，這個十年財富基本與你無緣了。

而 2010 年以後，資產升值的邏輯又變了，成了 Internet 資本爆表的年代。從 2010 年到現在，你只要被資本喜歡上，就會發現賺錢的速度和規模，遠遠大於以前的任何時代。

我們看過去進入 Google、Facebook、阿里巴巴、騰訊的人，很多都是大學剛畢業的孩子，但是趕上了資本爆發的年代，順著資本的趨勢，財富很快就被堆起來了。

我有一個大陸好友的小孩，在南京三流大學電子資訊系畢業，以他的水準只會做個網站，畢業之後到北京與同學開發一個再生能源交換平臺的網站，他做 CTO，現在資產早就超過在老家繼承父親做實業的哥哥。

誰都知阿里巴巴的早期員工中很多只有高職畢業的，當時一流名校學生根本瞧不上這樣的中小私企業。過去幾年，隨便一個手機 APP、一個想法就能拿到幾千萬的估值，就能超過很多幹了一輩子的企業家。所以說在風口上，豬都能飛上天。

當一個行業起來的時候，跟你的個人能力關係不會太大，關鍵在於你是否在這個年代選擇了經濟發展大趨勢。當然有很多人是無意識的，有很多人是有意識的。絕大部分的有錢人都屬於前者，屬於後者的少之又少。

所以，我一直覺得這個年代，賺大錢的人往往不辛苦，辛苦的往往賺不了大錢，這個是非常現實的情況。所以已賺到大錢的朋友千萬別真認為自己能力有多厲害。

在一個沒有機會的行業裡，你可以很努力，只會得到比平均

稍好的財富，但要發財實現財富自由就想多了。我們還是要學會在大時代裡做符合時代週期的事情，這有助於你活的更精彩。

社會的發展是有趨勢性的。

如何跟隨大趨勢走，選擇比努力更重要！

 第三節 創富區塊鏈致富良機

2017 年，全世界只有炒幣的人最幸福，無論是販毒、賣淫、殺人、軍火，還是做其他金融交易或暴利生意的人，都不如炒幣的人賺取財富來的速度快。比特幣今年就翻了五十多倍，有幣友告訴我他在微信上看到有個白領，他去年以 30 元一個買了 1 萬個萊特幣，現在財富自由了，毅然寫了張辭職信，享受生活去了，風口上，豬也能飛上天。

最近，日本軟銀創始人孫正義的一次演講，主題是《數位資產會成為人類最大的資產》。他的說法如下：

第一產業：農業；

第二產業：工業；

第三產業：服務業。

這些產業要麼成熟，要麼穩定；雖然服務業還在繼續發展，但是人類在原子世界創造財富的天花板越來越明顯，如果要想持續推動經濟發展，持續創造無盡的財富，那麼我們就要在第四產業：數位產業（虛擬產業）發力，這個世界的想像空間是無限的。

比特幣已經為這個世界憑空創造了 4 兆美金的價值，加上其他數位貨幣合計至少也有 10 兆美金了；這些財富和價值，都是在數位世界創造的，這只不過是個開始。

創富區塊鏈是價值 Internet，是 Internet 的 2.0 版本；創富區塊鏈引領的第二輪 Internet 革命，將在全球範圍內帶來一場深度重構，創富區塊鏈的應用也將單一的金融行業應用延伸到經濟社會的各個領域。

創富區塊鏈領域技術精英將圍繞創富區塊鏈前沿技術對應用場景等爭先恐後的探索，在金融、網路安全、學術教育、物聯網、供應鏈管理、版權、雲端儲存、能源管理、檔案管理等領域不斷應用，以創富區塊鏈技術研發的 ICO 在國際上一刻不停，噴湧而出，也許在哪一天一覺醒來發現自己又成了一個新手。

創富區塊鏈的財富世界只是剛剛起步，馬克‧祖克伯、馬雲、馬化騰只代表現在，不久將來會有新的財富代表，出現在創富區塊鏈領域。

一、認識比特幣與山寨幣

比特幣是一個開源代碼，若將比特幣的代碼拿過來改一下名字重設參數，就可以產生另一種新的數位貨幣。比特幣是電腦精英們沒有帶私心而設計的遊戲，開始也沒有想到會產生巨大的財富，所以整個機制公平，去中心化。但山寨幣的產生一開始就有明顯的利益動機，把它做為圈錢的工具而開發，所以也就有了作弊行為。

現在全球範圍內有山寨幣上萬種，有了以太坊後又開發了代幣，有些也是相當有價值的，因此現在幣種也是多種多樣。簡單分類：貨幣類 (BTC)、平臺類 (ETH)、應用型（SC）、錨定型（USDT）、分紅類（回購 BNB）、比特幣現金（BCH）。數位貨幣具有多種屬性，比特幣發展到今天已經不是貨幣，而是類似黃金的商品。所以在美國進入期貨交易市場而不是貨幣交易市場就是這個原因。

其他的虛擬幣更不是貨幣了，很多幣實質上是區塊鏈技術的應用專案發行的原始股票，購買這種幣就相當於投資這個專案。投資越早回報越高，例如以太坊，早期投資的回報已經幾百倍。

創富區塊鏈技術在金融領域的應用必然引發更大的震撼，比如以太坊，實際相當於自己發行代幣進行專案早期融資，傳統的上市前法人說明會、財務顧問、甚至一些融資服務平臺，統統被去中心化去掉了。

如果說項目發行代幣是原始股融資，那麼進入交易所交易就相當於掛牌新三板，而比特幣進入期貨交易市場就相當於 IPO。未來不僅早期融資不需要各投資機構，連 IPO 也不需要發審委證監會審查了，發審委和證監會也會被去中心化去掉。想起來就覺得超好，對吧？

大家在同一起跑線上公平競爭，有本事的就掛出來看看有沒有投資者買，讓作假、賄賂官員混上市的零價值股票消失吧！獨角獸不是吹出來的，投資者用錢投票選出來的才是真正的黑馬，

真正的獨角獸。

　　創富區塊鏈技術是 Internet 3.0，未來創富區塊鏈技術在各領域的應用，勢必將取代現有 Internet 的應用，這個領域的專案，才是真正的未來獨角獸。

　　以太坊幣價飛漲，是基於以太坊應用的實際推廣取得了極大的成功，其提供的服務得到了廣泛的認可，微軟、摩根等許多世界級知名企業成立了以太坊聯盟，這個聯盟實際就是用戶圈。

　　未來創富區塊鏈技術的應用會越來越廣泛，而跑在前面的更有先發優勢，必然占得更多先機。

　　一般不懂創富區塊鏈的投資者只需區分價值幣和空氣幣，價值幣被公眾認可，有核心技術團隊，可做價值投資；空氣幣以圈錢為目的，翻萬倍也不要去試運氣！

　　可以這麼說，百分之九十的山寨幣是會死的，就像二十年前的網際網路，當時也有幾千家公司，現在留下的也就 Google、Facebook 等少數幾家；有的山寨幣為了對付競爭者，也可能合併起來以增強競爭力。

　　如果新手不懂買入何種數位資產，就推薦比特幣 BTC 和以太幣 ETH。另向你推薦閱讀相關書籍《區塊鏈革命》、《區塊鏈社會》、《區塊鏈與新經濟》，深度認識區塊鏈及數位貨幣。

二、比特幣太貴了，買不起？

　　比特幣從 2011 年開始的幾塊錢，到現在升值為十幾萬元；

讓新投資者購買比特幣實在很難下手，這得越過多大的心理關口啊！有新買家問有沒有便宜一點，只要幾塊錢的；我說當然有，而且從技術上說較比特幣更先進，對方就一臉茫然了。

這麼說吧，90％的山寨幣都會歸零，因為大多數山寨幣從上市開始就就沒有市場；現在發行的數量實在太多太多了，甚至出現「造幣幫」，專門複製粘貼比特幣代碼，包括形象設計，提供一條龍服務，共兩千元，批發兼零售。

山寨幣是個權力遊戲，草根瞎搞的山寨幣如果沒有很強的技術團隊和創新能力，那就是圈錢，還大談什麼發展。如果選山寨首先就要考查團隊，這是投資的基礎，有權有勢有氣度的人永遠不缺乏大體系的合作資源，最近的比特幣分岔，中國有人發行了比特鑽石、──超級比特幣。

如果你沒有投資研發能力，對基本面沒有判斷能力，就遠離山寨幣，尤其是那些新山寨幣，五花八門，不要買你看不懂的。

以德交易平臺上有上千幣種，隨便查一下當天升值幾倍的ＸＸ幣，資料顯示都是英文還充滿技術術語，哪兒看的懂！不要羨慕別人的造富神話，就購入比特幣坐等下仔賺錢吧！不要覺得貴，你只要判斷是否還有升值空間就夠了。

我要告訴大家比特幣現在在全世界 96 個國家可使用，如果不久的將來全世界都認可，那麼 100 萬美金一個都便宜了；做為世界通用貨幣的計價單位，比特幣將會是 100 萬美金一個，現在只有日本一個國家正式認可，美國德國半認可，開始階段就已經

到這個價格了。

三、認同的人多了，價值當然高了

價值就是一種共識。

和闐玉升值千倍，照常有投資收藏者購入；幾年前網易股價一美金都有人認為貴，因為公司有退市風險，現在 2 萬元美金照樣都有人投資買入。

比特幣 2 塊錢與現在 30 幾萬臺幣一個，風險是一樣的！有人 2 元購入，現在 30 幾萬一個，不要心理不平衡，人家當時購入也是有風險的；何況幾年下來沒幾個人能守得住，早就換了幾十次了。所以有人說比特幣最大的風險是賣出之後就得以更高的價格買進來。

在虛擬貨幣的圈子裡，懂技術的似乎比懂經濟做投資的更容易在早期就賣掉自己手中的幣。他們只是懂技術所以才進場早而已；結果是很早就忍不住賣幣消費去了。從長期來看比特幣是一直上漲的，當一個絕佳的機會來臨時，運氣決定了你的財富的起點，而知識、眼界和格局決定了你的財富的終點。

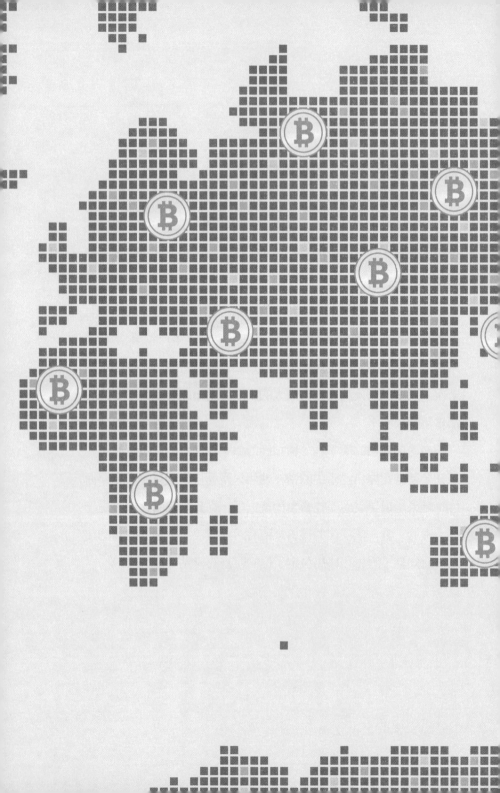

第三部

手把手，教你擁有人生的
第一顆比特幣

第六章
擁有人生第一顆比特幣

　　劍橋大學商業決策學院和國際支付機構 VISA 共同發布了一份題為《全球虛擬貨幣關鍵數據調查》的報告，這份長達 114 頁的報告收集了全球 5 大區域、38 個國家、150 個虛擬貨幣公司或個人的調查數據，可以說是截至目前最為宏觀的虛擬貨幣行業系統性調查。我從報告中摘取了數個重點，並且補充了部分解讀。

1.　虛擬貨幣的整體規模越來越大，各種虛擬幣的總體市值已突破 250 億美元大關，全球參與者（虛擬貨幣使用者）至少有 290 萬人，全球投入虛擬貨幣挖礦中的設備總耗能至少達到 462MW，約等於 1/50 個三峽大壩。

2.　雖然市場龐大，但是根據統計，真正的專職從業者不會超過 2000 名，虛擬貨幣行業中大量公司的員工數量都不足 10 人；比特幣行業呈現非常明顯的地域性特點，其中 58％參與調查的挖礦行業都位於中國；在 2016 年初，交易所的份額逐漸從中國轉向美國和其他地區。

3.　各國目前對虛擬貨幣行業的政策還不明朗；整體來看，虛擬貨幣行業從業者認為歐洲的監管充足而適宜、北美認為監管過於嚴屬和針對，「亞洲－太平洋」區域則沒有過多監管。

第一節 虛擬貨幣產業概覽

一、概況

比特幣開始於 2009 年，是第一個去中心化虛擬貨幣。第二個虛擬貨幣 Namecoin，直到兩年後才正式出現；目前市面上已經有數百種虛擬貨幣可以進行交易，如果算上不能交易的虛擬貨幣，實際已經有上千種虛擬貨幣。

在不同種類的虛擬貨幣系統中，也有共同的元素——公有帳本（也就是 BlockChain）。所有參與者都能看到這個帳本，然後用自己本地的密鑰對帳本進行修改，進而形成了一個沒有中央機構管理的網路。

大部分的虛擬貨幣實際上都是比特幣的「克隆」，他們只是在一些特徵參數值上有所不同（例如區塊的時間、虛擬貨幣的數量、又或者是發行方案）。

這些加密貨幣相對比特幣，鮮有創新，通常被稱為「Altcoins（Alternate cryptocurrencies，替代性虛擬貨幣）」，典型的例子包括 Dogecoin（狗幣）和 Etereum Classic（經典以太坊）。

雖然虛擬貨幣興盛於比特幣，但實際上很多公司和專案也在不斷拓展，利用虛擬貨幣技術為主流用戶提供越來越多的產品和服務，同時不斷加強整體的技術框架。間接創造出了一個由不同種類元素組成的虛擬貨幣生態系統，在共有區塊鏈、傳統金融和其他金融部分不斷創造「橋梁」。這些服務才是共有區塊鏈和其

原生虛擬貨幣真正的價值，並且遠超共有鏈原定的初始價值。

在這次調研中，主要解剖的虛擬貨幣行業板塊主要包括：交易所、錢包、支付公司以及挖礦。這四種角色在整個行業中肩負的職責也略有不同：

(1) **交易所（Exchanges）**：讓虛擬貨幣可以跟虛擬貨幣／國家法定貨幣之間可以買賣、交易。同時也給整個整個虛擬貨幣市場提供流通性以及參考價格。

(2) **錢包（Wallet）**：用戶可以透過自己保存密鑰來安全的私下儲存虛擬貨幣。

(3) **支付（Payment）**：一系列利用虛擬貨幣網路提供線上支付服務的公司。

(4) **挖礦（Mining）**：利用計算確認整個網路中的所有交易、同時保證全球帳本的安全性。

這幾種角色在虛擬貨幣行業的前期，一般都是相對獨立的；但從目前的數據來看，不同角色之間已經變得越來越「模糊」；19%的虛擬貨幣公司扮演了兩個及以上角色，11%的公司甚至扮演了三個角色，極少數公司四個角色全部涉及。同時，越來越多的公司正在走向全球化。

二、認識世界主流虛擬貨幣

區塊鏈板塊大熱，虛擬貨幣在經過這幾年的發展，以及比特幣的巨大成功，形成了一個不小的市場，實際上全球各種虛擬貨

幣已經超過了 1300 種，在這個市場上被大眾所認可的幣種也趨於一個穩定的狀態；儘管現在仍舊是比特幣獨領風騷穩坐 TOP 寶座，但還有很多其他的虛擬貨幣也呈現出了火紅的態勢。

相信大家已經從各種新聞、朋友圈裡看到過很多關於虛擬貨幣的消息了，其中最具有代表性的當數比特幣。哪怕沒有參與虛擬貨幣的人都聽說過它，總能到處看到有關比特幣的熱切討論，但是很多人卻並不知道後續的其他幣種。

現如今虛擬貨幣投資圈（簡稱幣圈）喜歡什麼幣？大家在買什麼幣？什麼樣的幣在幣圈最有前景？要解答上面幾個疑問，最簡單的方法就是去看市值排名。在眾多虛擬貨幣的圈子中它們為什麼能夠脫穎而出名列前茅？必定是有道理的。

下面我們來看一看，2017 年大家都在交易哪些虛擬貨幣，到底哪些區塊鏈資產真正在市場風生水起？透過五大虛擬貨幣的市值情況可見端倪。先來最直觀的，以下圖作為參考。

五大虛擬貨幣流通市值

前五大虛擬貨幣	最近流通市值
比特幣 (BTC)	18492 億
以太坊 (ETH)	5211 億
比特幣現金 (BCH)	4002 億
瑞波幣 (XRP)	2256 億
萊特幣 (LTC)	1137 億

第一名：比特幣（BTC）

比特幣是幣圈所公認的龍頭老大，打個比方，比特幣之於幣圈就是 BAT 之於網際網路，是風向標更是領頭羊。

自從虛擬貨幣出現至今就一直占據榜首不動搖，而且常年占據總市值的 40％以上的份額，差不多是頂級流量了。比特幣的漲跌都關乎總體虛擬貨幣的態勢，可以說是牽一髮而動全身，只要談到虛擬幣的發展都不可能繞開比特幣，它的每一個漲跌都牽動幣圈所有玩家的神經。

第二名：以太坊（ETH）

以太坊也可以說是繼比特幣之後又一個里程碑式的專案，是將比特幣中的一些技術和概念運用於計算領域的一項創新。

它首推了智能合約系統，有著全新的虛擬幣上開發應用的概念，具備可拓展性，從以太坊網路衍生的應用層出不窮。以太坊是建立在區塊鏈和數位資產概念上的一個全新開放區塊鏈平臺，它允許任何人在平臺中建立和透過使用區塊鏈技術運行去中心化的應用。簡單的說，以太坊技術就是區塊鏈技術＋智能合約。

第三名：比特幣現金（BCH）

比特幣現金是由一小部分比特幣開發者推出的不同配置的新版比特幣，基於比特幣的原鏈推出「比特幣現金」。是最成功的比特幣分岔幣。

比特幣現金和比特幣擁有一樣的基因，而且是大區塊；2017
年 8 月 1 日 20 點 20 分，比特幣現金開始挖礦，每個比特幣投資
者的帳戶上將出現與比特幣數量等量的比特幣現金。這意味著什
麼？相當於每個手裡有比特幣的人都有了比特幣現金，形成了良
好的群眾基礎。

　　而且相較於比特幣，比特幣現金的成本低、交易手續費低、
交易時間短，現在逐漸也被主流所接受。連比特幣網的創始人
EmilOldenburg 最近都十分看好轉投它，比特幣現金或將成為下
一個超級潛力股。

第四名：瑞波幣（XRP）

　　瑞波幣是平臺幣種，是 Ripple 網路的基礎貨幣，剛接觸虛擬
貨幣的新手可能沒聽說過它，但是幣圈的老手不會有人不知道。

　　瑞波幣和比特幣一樣都是基於數學和密碼學的數位貨幣，但
是與比特幣沒有真正的用途不同，瑞波幣在 Ripple 系統中有主要
橋梁貨幣和有保障安全的功能，其中保障安全的功能是不可或缺
的，這要求參與這個協議的網關都必須持有少量瑞波幣。它可以
在整個 Ripple 網路中流通，並且瑞波幣也是有限額的，總數量為
1000 億，由於每次交易都將銷毀少量，瑞波幣也隨著交易的增多
而逐漸減少。

　　現如今隨著越來越多的銀行和金融機構也宣布開始支持
Ripple 協議，瑞波幣走起了與主流金融機構合作的路線，並且得

到了認可。如果 Ripple 協議能夠成為全球主流的支付協議，網關們對於瑞波幣的需求就會更為廣泛——需求旺盛而數量卻在減少，就會導致瑞波幣的升值。

第五名：萊特幣（LTC）

萊特幣有一個我們熟悉的外號，辣條。萊特幣是一種基於 P2P 技術的網路貨幣，也是 MIT/X11 許可下的一個開源軟體專案，它可以幫助用戶即時付款給世界上任何一個人。

萊特幣受到了比特幣的啟發，並且在技術上具有相同的實現原理；萊特幣的創造和轉讓基於一種開源的加密協議，不受到任何中央機構的管理，號稱誕生目的是為了改善比特幣。

我們拿比特幣來對比，將會更容易迅速的瞭解萊特幣的特點。首先，萊特幣絡每 2.5 分鐘就可以處理一個區塊，交易確認速度更快。第二，萊特幣網路預期產出 8400 萬個，較比特幣數量更多。第三，萊特幣首次提出的 scrypt 加密演算法，在普通電腦上進行萊特幣挖掘更為容易。用一句常見的話來總結比喻二者：比特幣是金，萊特幣是銀。

看完以上排名前五的主流虛擬貨幣，我想大家都對幣圈的趨勢有了一個大概的瞭解和認識了。到底哪一個幣種更加實力雄厚，能夠厚積薄發，且看日後發展了。

第二節 如何買賣虛擬貨幣

一、認識交易所

虛擬貨幣交易所的三大類型

1.帳本交易所：利用撮合交易原則，幫助用戶買入或者賣出虛擬貨幣，交易直接轉化為公有帳本記錄。

2.線上交易服務：讓用戶能夠以給定的價格買入／賣出虛擬貨幣的服務，但交易並不直接轉化為公有帳本記錄。

3.全面交易平臺：透過介面連接到數個交易所，並且支持槓桿交易和虛擬幣衍生品交易的平臺。

從地域上面來看，交易所類型的企業主要位於歐洲，占37%；其次是「亞洲－太平洋」，比例為 27%。如果按照國家來看，境內最多交易所的國家分別是英國、美國、加拿大、中國、日本。從收集的風險評估來看，交易所無論大小，最大的風險還是來自於網路安全問題，因為他們時刻需要防止駭客入侵。排在風險第二位的和銀行業日益惡化的關係，第三位是詐騙行為。

目前普遍被公眾熟知的幣安交易所係於 2017 年 7 月 14 日正式啟動，半年多的時間裡，幣安以火箭般的速度成為了全球最大的虛擬貨幣交易所之一，目前其 ICO 代幣的市值達 143 億元。

伴隨著數位貨幣和區塊鏈的走勢，多家數位貨幣交易所的的用戶註冊數量都創下了記錄。據每日新聞報導，Coinbase 每天都有 10 萬用戶註冊，Kraken 則每天有 5 萬名新用戶註冊，**幣安每**

天則會接納多達 25 萬新用戶。

幣安宣布全球註冊用戶超過了 500 萬人，已經躍升為世界最大的交易所之一。主流的交易所大多採用法幣買賣數位貨幣的交易方式；監管來臨後，大多數法幣與數位貨幣間的交易轉到了場外。由於不接受任何法幣的充值，僅支持用戶完成虛擬幣和虛擬幣之間的置換，並且服務器均設置在國外，因此很多交易所並未受到監管政策的直接衝擊。

1. 世界主要熱門交易所

交易名稱	24H 成交量	交易對數量	國家	支援類型
BitMEX	1797577 萬	12	塞席爾	期貨
OKEX	1190370 萬	476	美國	現貨 / 期貨 / 法幣
幣安網	851218 萬	269	未知	現貨
火幣 Pro	632583 萬	200	塞席爾	現貨 / 期貨 / 法幣
Upbit	567823 萬	303	韓國	現貨
Bitfinex	427048 萬	106	香港	現貨 / 期貨
Bithumb	337286 萬	12	韓國	現貨
B 網	277601 萬	272	美國	現貨 / 期貨
GDAX	187714 萬	12	美國	現貨
ZB 網	177180 萬	116	薩摩亞	現貨 / 法幣
HitBTC	162347 萬	545	英國	現貨

2. 開戶流程大公開

　　想要擁有一個加密貨幣交易所的帳戶嗎？其實非常簡單。今天就讓我一步一步帶你瞭解如何擁有一個加密貨幣交易所戶頭吧！那讓我們開始吧！

　　我們以全球前五大的交易所之一──幣安 BINANCE 來做舉例示範，並無推薦擔保之意。

STEP 1

　　進入幣安的首頁後，進到幣安 (Binance) 網站後，可以到右上角點擊國旗的圖示更換習慣的語言操作，本文章範例將由英文介面圖文教學。

　　幣安 BINANCE 網頁：https://www.binance.com/

　　首先點擊右上角的 Register 導向註冊頁面，如下圖：

圖中第一個欄位請填寫自己的 Email 電子信箱位址，第二、三欄位則是密碼，**密碼請複雜一點、密碼請複雜一點、密碼請複雜一點**，很重要所以說三次；如過於複雜請自行抄寫紙本保存，但請不要記錄在電腦中記事本之類，這是投資虛擬幣的大傷，虛擬幣一但被盜取走，比變心的女朋友還狠，是永遠永遠回不來的！所以投資虛擬幣的帳號安全是非常重要。

STEP 2

填寫你的電子郵件以及想要設定的密碼，請注意：所設定的密碼至少要有 8 個字元，而且必須包含大寫字母和數字，填選完成之後就可以按下「註冊」按鍵。

STEP 3

接著畫面會顯示說系統向你發送了電子郵件的驗證信件，這時候就可以登入剛剛填寫的信箱來驗證你的帳戶啦（如果久久未收到信件的話，建議可以前往垃圾信箱翻翻看）。

STEP 4

收到信件的內容如下，點擊信件中的「Verify Email」來認證你的信箱。

STEP 5

信箱認證完成後，就會顯示以下畫面，代表你已經成功擁有一個加密貨幣交易所的帳戶囉！

是不是很簡單呢，希望這篇文章能對你有所幫助！

1. 入金＞幣安 (Binance)

幣安是不收法幣的，只支援虛擬貨幣入金，是虛擬貨幣買虛擬貨幣，所以要入金到幣安，我們必須先到交易所或是私下交易去買虛擬貨幣轉到幣安的帳戶；若是臺灣的初學者的話，建議使用幣託或是 Maicoin，雖然兩間的手續費都頗多，但是因公司

177

都設立在臺灣,這點是比較有保障的,小額試水溫的話可以選擇 Maicoin,可以投入一個萊特幣 (LTC),轉至幣安試試水溫,以現在匯率,一萬內可以買到一個萊特幣。

BitoEX:https://www.bitoex.com/

Maicoin:https://www.Maicoin.com/

＊如何買到入金前的虛擬貨幣流程:

接著是最重要的入金步驟,請多注意如果轉錯到幣安,錯誤的幣別地址有可能讓虛擬貨幣不見了。

回到幣安,點選右上角的 Funds > Deposits Withdrawals 如下圖,會出現許多種虛擬幣名稱,舉例我們要入金萊特幣一個,所以要找到 LTC 的幣別,接著按右邊 Deposit,會出現一長串的位址,這串就是你要轉進來的錢包位址。

　　有了這組位址後就複製起來，回到 Maicoin，選擇發送萊特幣，將位址貼上，並填上要轉多少個萊特幣按發送，即可發送到幣安。當然需要區塊鏈的確認，通常萊特幣 15 分鐘內能確認完畢並到帳，這部分要依實際狀況而定。

＊重要提醒

　　建議首次入金後，買些幣安幣（BNB）讓其幣安扣取交易手續費，否則會變成扣在你所交易的虛擬幣中；若是買一顆虛擬貨幣，扣除交易手續費將會變成非整數，對往後的交易非常的不方

便，所以務必買個一顆或兩顆的幣安幣讓其平臺扣手續費！且目前有 50％的折扣優惠！

2. 出金＜幣安 (Binance)

出金顧名思義就是將你在幣安的虛擬貨幣轉出幣安，到交易所或是自己的錢包保存，如果要長期存幣的話，務必將虛擬幣存至冷錢包裡，避免被駭客盜領走了！接下來探討如何使用幣安的平臺轉幣出去，出金的流程基本上跟入金差不多，一樣先點選右上角的 Funds ＞ Deposits Withdrawals 如下圖：

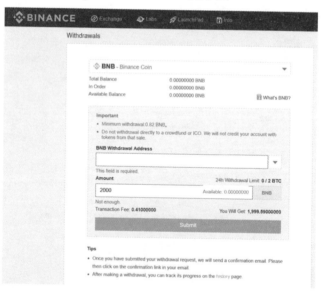

圖中的範例拿 BNB（幣安幣）舉例，Deposits Withdrawals 清單中找到你要轉出的幣，點開 Withdrawal 就會出現如上圖的畫

面，圖中的 BNB Withdrawal Address 就是收款的地址，這邊就要填入你要收款的地址；地址可能是你自己的錢包位址或是交易所的地址，務必確認好位址，只要錯一碼，你的虛擬貨幣就跟你說掰掰了，所以一定要再三確認！

Amount：就是轉出金額，下方的 Transaction Fee 則是交易手續費，旁邊則會計算扣除手續費後的實際到帳金額；所以如同上面提醒，這邊會建議一定要買 BNB（幣安幣）給幣安扣除手續費使用，否則出一顆，實際到帳變成 0.9 顆！不同的幣會有不同的轉帳規則，像是 XRP 瑞波幣還會有 Tag 欄位，所以要出金到交易所或個人錢包務必對虛擬幣做個資料，千萬要再三確認之後再轉出！

3. 轉幣 & 交易

轉幣跟交易是一樣的意思，在幣安要轉幣的話就是使用 A 幣 > B 幣買進，跟現實中的買外匯是一樣的意思；幣安的匯率每秒都會更新一次，所以要自己注意一下大盤匯率跟在幣安的匯率做判斷，因為幣安的匯率並不是全跟著大盤在走，以下開始講解如何轉幣 & 交易：

點到幣安網站左上方，Exchange > Advanced，這邊使用專業版進行講解，基本版很簡單，基本上一看就能理解。

專業版介面：

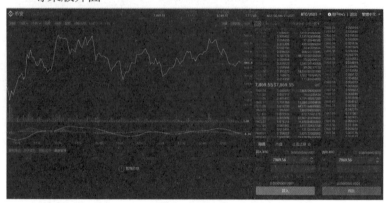

　　畫面的左邊就是清楚的 K 線圖，下方的四個按鈕則是，目前委託單、歷史委託、歷史成交、現有資產。

　　畫面的右邊會看到，上方紅色的區塊，這邊是即時售出的成交價格及數量；下方綠色的則反之，是即時購入的成交價格及數量；中間的數字則是即時市價，如果是綠色則是上漲，紅色則是下降。

　　最右邊的數字區則是綜合介面，會出現即時成交訊息，如同左邊的紅色區塊及綠色區塊集成版：

　　畫面右下的區塊就是交易委託區了，分別是限定價格、市價、止盈止損。

限定價格：是指可以自己出自己想要的價格購入或是售出。

市價：則會系統進行判斷市價進行撮合購入貨售出。

止盈止損：則是可以設定觸發價及委託價，例如當達到觸發價 0.00014900 時，便發出售出委託單以 0.00014920 掛單，或是當下

跌到0.00014800時觸發價,便立即掛委託單0.00014750售出止損。

這個功能非常好用,例如當你晚上休息或是忙碌無法即時看盤時,可以使用這個功能,只是必須自己決定好範圍,否則就是錯過大賺或是造成大賠。

二、認識超商及場外交易

在臺灣除了到交易所進行買賣交易外,還有時興的超商及場外交易。目前臺灣的全家及萊爾富便利超商均可以購買遊戲點數的方式,提領現金購買比特幣及以太幣。所謂的場外交易,就是與交易所以外的人、組織直接約定辦理交易買賣,好處是減少傭金及手續費的支出。先介紹超商交易:

「怎樣獲得比特幣?」這是我最常被問到的一個問題,除了到交易所開戶外,最簡單的答案就是:「到全家便利商店!」

如何到超商將新臺幣換成比特幣呢?

走入便利商店,口袋中有新臺幣,你可以選買琳琅滿目的商品,也可以透過在臺灣合法註冊的交易所 BitoEx,在全家便利Famiport 機上買到比特幣。

如果你的口袋裡有新臺幣,而且你的臺灣手機可以收簡訊,可以到任何一家全家便利商店,到 FamiPort 的機器前,按下「繳費」→「虛擬帳號」,完成後到櫃臺交付臺幣完成付款,再依手機會收到的簡訊的指示來設定你的 BTC 收幣地址,以臺幣購買的 BTC 就會匯入你指定的收幣地址了。

步驟分解如下:

1. 到全家便利店的 FamiPort 機器,按「繳費」。

2. 選按「虛擬帳號」。

3. 輸入廠商代號「BTC」。

4. 輸入手機號碼,用以收到如何接受 BTC 的簡訊指示。

5. 輸入你的生日,會用在你接收 BTC 時要再次確認身分。

6. 輸入你要買多少臺幣的 BTC,FamiPort 會加上 25 元的手續費。

7. 確認明細後,列印,拿到櫃臺繳費。

8. 手機會收到 URL,到指定的 URL 上,輸入生日、和你的收 BTC 錢包地址,按「兌換」,相對的 BTC 額度會送到你指定的比特幣錢包地址,完成接收 BTC。

最後來談場外交易,就是透過一些社交方式,自己在一些社交平臺找到買主或賣主,然後約定交易方式,進行買賣。像是在 FB、IG 或是一些網站,都可以找到很多的場外交易社群;雖然場外交易可以省下手續費及傭金,但卻有很高的風險。像 2018 年 2 月 9 日臺灣就發生了一起比特幣場外交易搶劫刑事案件,一位擁有 18 枚比特幣的賣主就因進行場外交易時,被假買主設局搶劫。因此我們較不建議讀者為了省下手續費及傭金,而甘冒被搶、被騙風險。

第三節 虛擬貨幣電子錢包介紹

要收發虛擬貨幣首先要有存放虛擬貨幣的錢包，像比特幣錢包是用來放比特幣用的。比特幣錢包主要在四種平臺運行，包括：手機、PC、硬體、網站錢包（Mobile、Desktop、Hardware、Web）。

網站錢包須將比特幣託管給他人，大多不建議採用；手機錢包只須下載 APP 即可使用，適合入門的新手；PC 則可以處理完整的區塊鏈；若要安全至上，硬體錢包則是最合適的選擇。為說明起見，在這裡先介紹幾種常用的軟、硬體主流錢包。

一、主流錢包：

發送電子郵件要透過電子郵件軟體來達成，有的人用安裝在桌上型電腦的微軟 Outlook，有的人是用蘋果電腦裡附的郵件軟體，有的人用瀏覽器接上在雲端的 Gmail 帳戶，使用 Gmail 這種雲端形式的郵件軟體。無論哪一種郵件軟體，它的功能就是收發電子郵件。

類似電子郵件收發時靠的是郵件軟體，加密貨幣收發時要靠錢包軟體。加密貨幣的使用不外乎接收或發送某個數量的加密貨幣；電子郵件的發送內容是文字或圖片，數位貨幣的發送內容就簡單多了，只是數字加上發送位址。

比特幣錢包的作用是用來收發比特幣，有了對比特幣的初步

認識，下一步就是到網上下載一個比特幣軟體錢包；比特幣錢包，不只選擇種類多，而且免費。免費的比特幣錢包通常是以軟體的形式存在，網上有地方可以下載軟體錢包裝在電腦上，或在 APP Store 找到比特幣錢包下載裝到手機上，也可以到可信的交易開帳戶取得雲端型的比特幣錢包。

比特幣錢包也可以是一個小小的實體硬體，硬體錢包是要收費用的，硬體錢包的好處是離線狀態，所以理論上不會被線上駭客入侵；它體積小可以被隨身攜帶，但要小心保管，千萬不能遺失，因為不能補發。

1. 硬體錢包

市面上硬體錢包有 CoolWallet、Ledger、KeepKey、Trezor 等等。我們建議初次接觸比特幣的朋友先從軟體錢包的使用開始習慣，等觀念加強之後再考慮使用安全度較高的硬體錢包。對硬體錢包有興趣的朋友，請看比特幣硬體錢包的介紹。

1. 比特幣硬體錢包

要收發比特幣（BTC）首先要有存放比特幣的錢包，比特幣錢包是用來放比特幣用的。說明起見，這裡介紹幾種硬體錢包。

2.CoolWallet 硬體錢包

錢包的功用是用來收發數位貨幣，錢包可以是軟體，也可以是硬體，這裡介紹的是硬體錢包。

Trezor 開發出號稱世上第一個比特幣硬體錢包，具備儲存個人金鑰，收發比特幣的功能；該錢包無法上網，駭客無法偷走比

特幣！

　　硬體錢包基本上都是可以被隨身攜帶的，透過廠商開發的配套軟體介面，使用者可以將硬體錢包插上電腦，用來收、發你的比特幣。

　　硬體錢包廠商如果倒了，廠商提供的在網路平臺上的配套軟體介面（如 Chrome Plugin）大概也就掛了，當然配套的介面也不能用了；不過沒有關係，你的錢還是在，因為硬體錢包裡的私鑰仍在，所以 BTC 仍然還是在你的掌握下。

　　比如說你的硬體錢包與 BIP39 相容（如：Ledger），你只要將你之前由硬體錢包備份（匯出）的 24 個英文字匯入任何 BIP39 相容的其他錢包，等於把同一把私鑰由硬體錢包移轉到其他的錢包中，就可以繼續用其他錢包來花用你那一把私鑰下的錢。

　　硬體錢包如 CoolWallet，它看起來像一張信用卡，上面存放你比特幣錢包的私鑰，擁有私鑰的人就擁有支配區塊鏈中私鑰對應到的餘額。

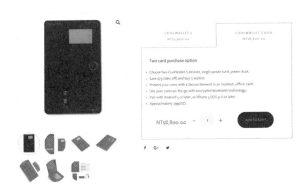

硬體錢包它不是一臺電腦，所以幾乎不可能中電腦病毒，也不會因下載不明軟體而中招。硬體錢包相對於軟體錢包更為安全，只要硬體錢包中的私鑰不離開該硬體，私鑰就不會在不知情的情況下被木馬程式拷貝出來，也就不會遺失。唯一能複製到私鑰的方法，是在硬體錢包的主人在知情的情況下，按照備份程式將硬體錢包中的私鑰備份（匯／Export）出來。大多數硬體錢包，像是 Ledger Nano S、KeepKey 它們看上去比較像是隨身碟。

注意：一個要牢記的重點是，硬體錢包的祕密鑰匙（一長串文數字母）就存放在硬體中，如果沒有匯出私鑰做備份，如果硬體毀壞了，錢也就消失了。

硬體錢包匯出的私鑰備份（12-24 個英文字組合）一定要妥善保管放置在安全的地方。

2. 軟體錢包

軟體比特幣錢包依安裝的載具不同，大致分為三類：

(1) 安裝在桌上電腦的錢包（Desktop wallet）：如 Electrum、Jaxx、Bitcoin Core。

(2) 安裝在移動裝置的錢包（Mobile wallet）：如 Bitpay，Jaxx 也有手機版。

(3) 在網上的雲端錢包 (Wweb wallet)：無需安裝，提供以臺幣買入比特幣的交易所，都有提供雲端錢包；如臺灣的 Maicoin、幣託 BitoEx，場外交易場所 LocalbBitcoins，或

是可以連上美國銀行帳戶以美金買入比特幣，如國外的 Coinbase 等都屬於這一類。

早期的 Multibit Classic 已經過時，不會再有軟體上的更新。過時的錢包，它的預設傳送手續費以今日的水準來說往往過低，用它傳送比特幣會導致傳送金額久久無法被礦工確認進入區塊鏈中，錢久候不到會很麻煩；因此不要使用過時的比特幣錢包，建議你安裝 Electrum。

由於網路上可下載的免費比特幣軟體錢包很多，這裡只介紹你三款桌上型的軟體錢包：

(1) 如果你只打算收發比特幣，你可以先安裝 Electrum 來收發比特幣，然後將 Electrum 錢包做備份。

(2) 如果你也打算使用比特幣以外的數位貨幣，你可以安裝 Jaxx 來收發含比特幣在內的幾十種數位貨幣。

(3) 如果你要收發的是比特現金（Bitcoin Cash，BCH）而不是 BTC，就要用有支援該 BCH 幣的錢包，你可以用 Electron Cash。

二、錢包安全及備份

像在現實中一樣，你需要保護好你的錢包。Bitcoin 讓簡單的完成跨國匯款成為可能，同時它能讓我們對自己的錢擁有控制權。這些很棒的功能也伴隨著安全性顧慮而來，但只要正確使用，Bitcoin 能提供相當高等級的安全保障。永遠記住，採取良好

的措施來保護你的錢是你責任。

1. 謹慎使用網路服務

你應該對所有為在線儲存你的錢而設計的服務感到警惕。很多虛擬貨幣兌換和網路錢包在過去都遇到了安全漏洞問題，而這些服務通常都不像銀行一樣提供足夠的保險和安全保障來儲存金錢。如果你想要使用其他的 Bitcoin 錢包，你就應當小心選擇這樣的服務；此外，使用雙重驗證也是值得推薦的。

2. 使用離線錢包保管財產

離線錢包，或稱冷資料儲存，為儲存資料提供了最高等級的安全性，是將錢包儲存在一個安全的沒有網路連線的地方。如果正確操作，它可以對各種電腦安全性漏洞提供相當的保障，使用離線錢包時搭配備份與加密也是一個好的使用方式。下面簡述一些可行的辦法。

(1) 離線交易簽署

這個做法是使用兩台電腦共用同一個錢包內的部分資訊。其中一台處於離線狀態，它是唯一存有完整錢包並能簽署交易的電腦；另一台電腦與網路連線，它只擁有一個觀用錢包，用來建立未簽署的交易。

如此一來，你就可以按照下列步驟來進行安全的交易：在連線的電腦上建立新交易，並將交易存到 USB 隨身碟，然後在離

線電腦上簽署交易。

(2) 硬體錢包

　　硬體錢包最好的平衡了高安全性與容易使用這兩方面的需求。這些小裝置最根本的設計即是錢包，而不是其他東西；沒有軟體可以安裝到硬體錢包中，這使得它們可以對抗電腦安全漏洞與網路小偷。硬體錢包還可以備份，即便你丟了它也能取回你的資金。

3. 防竊用多重簽章

　　比特幣有一種多重簽署功能，比特幣這功能可以要求一個交易在得到多個獨立的許可之後才能成交，這可以應用於一個組織之中。組織中的成員都可以接觸它的資產，但是只有被指定的成員簽署交易後才能提款。一些網頁錢包也提供多重簽署錢包，讓用戶可以對他們的錢有掌控權，同時防止小偷透過入侵一個單獨的設備或伺服器就能盜取資金。

三、虛擬貨幣轉出與轉入
1. 如何轉出虛擬貨幣？

　　1. 按幣別，如要轉出比特幣就要使用比特幣的電子錢包地址來轉出比特幣，像比特幣錢包地址是一組由 27 至 34 個字母數字組合成的字串，如果想轉出比特幣到另一個比特幣錢包地址，便

輸入該字串。

2.輸入您要轉發的虛擬貨幣數量。

2. 如何接收虛擬貨幣？

給對方你的比特幣（以太幣）地址，讓對方直接寄送比特幣
（以太幣）給你。

四、注意事項

考慮一下您的遺囑！

如果你沒有一個備份的計畫給您的同儕或家人，你的比特幣
就有可能永遠遺失。當你離開人世後，如果沒有人知道您錢包存
放的地點或密碼的話，你的財產就沒有希望會重新被發現。好好
花點時間想一下這些事情，結果就會很不一樣。

 第四節 如何用電腦挖礦得到虛擬貨幣

因現在比特幣實在很難用電腦來挖礦，投入成本太高，投
報率太低，在此就不建議讀者費心去挖比特幣。我較建議挖以太
幣，因以太幣（ETH）光是 2017 年度就大漲了 2600％，被譽為是
比特幣之後的新星！許多專業級的挖礦業者都說，現在與其挖比
特幣，不如改去挖那些新星的電子貨幣：以太幣（ETH）、以太
坊經典（ETC）、萊特幣（LTC）、瑞波幣（XRP）等。

因此，本章節要教你學會：

1. 如何用電腦挖以太幣（ETH）。

2. 如何把挖到的以太幣轉成新臺幣。

過程並不難，需要做的事情只有很簡單的兩個步驟：

1. 下載挖礦程式「Miner Gate」；

2. 註冊「Maicoin」，獲得以太幣的電子錢包位址。

1. 下載挖礦程式「Miner Gate」

https://minergate.com/a/fcd222f69134b26512d29887

(1) 註冊帳戶，點選右上角的 Sign up。

(2) 註冊好以後，點選「Downloads」，下載挖礦程式。

(3) 安裝好程式，會跳出登入畫面，請選「Extended mode」，並輸入剛剛註冊的帳號密碼。

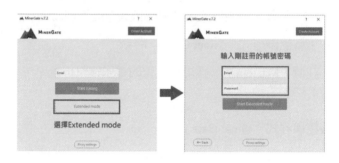

(4) 關閉 Smart mining（智慧挖礦）

程式開啟後，預設會啟動「Smart mining（智慧挖礦），這是運用裡面內建的演算法，自動幫你判斷目前哪一種電子貨幣的CP 值最高，然後幫你挖！然而智慧挖礦在判斷上不會選擇幫你挖以太幣，而是其他名不見經傳的電子貨幣，因為以太幣目前價格太高，太多人湧入挖礦。並非不能挖那些電子貨幣，而是即使挖了也無法將它換成新臺幣使用。我認為比特幣和以太幣比較值得去挖，所以請將 Smart mining 關掉。

(5) 開始挖礦

點選上面的「MINER」，你會看見此程式可以挖哪些電子貨幣：BCN（比特幣的分支）、ETC（以太幣的分支）、ETH（以太幣）等等。因為我們只關注以太幣（ETH），所以請點最右邊的眼睛，就可以將它移除，只留下 ETH（以太幣）就好。

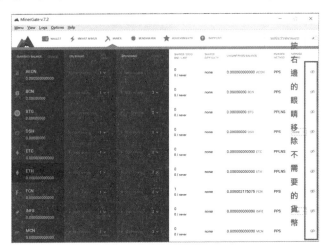

(6) 選擇 GPU/CPU 開始挖礦

你可以選擇用 GPU/CPU 挖礦，而且可以選要用多少個 GPU/CPU 來挖（因為筆者是用筆電示範，所以並沒有 GPU 可以選擇，只能選 CPU）。

開始之後，先等到 DAG 跑到 100%，就會自動幫你挖礦了！這個程式的好處是，你不需要將電腦所有的資源投入挖礦。你如果有 8 個 CPU，可以只使用 4 個來挖礦，這樣做的好處是：「不會影響你使用電腦的順暢度」。換句話說，你可以邊挖以太幣，

邊用電腦寫作業、上網、看影片、寫程式！

(7) 出金

點選上面的 WALLET，會進入出金畫面，最少要 0.001ETH
（以太幣）才能出金。

出金的時候，會收取一定額度的手續費，並填入你的以太幣
電子錢包（在此建議使用 Maicoin 的電子錢包，其支援比特幣和
以太幣，而且可以換成新臺幣轉入銀行／郵局帳戶）。

(8) 成就機制

使用 Achievement 這個程式時，有時會獲得一些任務。當完
成所有任務（例如開程式開整天、第一次使用程式挖礦、出金
10 次以上……）聽說 Achievements 會給一些獎勵，但官方說不
想剝奪使用的樂趣，所以並不會告訴我們如何完成這些任務。

https://minergate.com/blog/v-5-07-achievements/

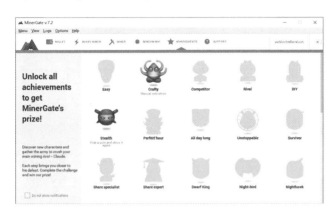

(9) 監控你的挖礦結果

登入 Miner Gate：

https://minergate.com/a/1fe041dd7537c30d0184b9f7

可以由左上的「國旗」圖案，改變語言成中文，再點選「儀表板 Dashboard」，就可以即時監控你目前的挖礦狀況（多少臺機器在挖、共挖到多少以太幣、挖礦效率為何、全世界有多少人在用此程式挖以太幣）。

第三部 手把手，教你擁有人生的第一顆比特幣

(10)PPLNS 和 PPS 的礦池差別

由於以太幣的礦池是屬於 PPNLS，所以大家可能會發現，挖到現在還沒有任何 Unconfirm ETH 入帳；所以我找了一篇文章，大家可以閱讀一下，瞭解以太幣挖礦的性質與特性（PPNLS 是什麼？和比特幣的 PPS 有何區別？）

http://www.btc38.com/others/other_all/48.html

這個程式有手機 APP，除了可以用手機查看目前挖礦的效率與數量，而且還可以用手機本身來挖礦。

以上，就是如何挖以太幣的方法！當然也可以挖顯示的其他貨幣，還可以同時並行挖多種貨幣，隨你自己喜好。

2. 註冊 Maicoin，獲得以太幣的電子錢包位址

Maicoin：https://www.Maicoin.com/zh-TW

(1) 註冊成功以後，從這裡取得以太幣的電子錢包位址。

(2) 將以太幣轉成新臺幣

點選「出售」，就可以看見以太幣目前的報價。

要注意的是，要使用此功能，得先綁定你的銀行帳號。

再重複提醒，只要兩個步驟，就可以用自己的筆電／桌電來挖以太幣。

1. 下載挖礦程式「Miner Gate」

https://minergate.com/a/fcd222f69134b26512d29887

2.「註冊 Maicoin」：獲得以太幣的電子錢包位址

https://www.Maicoin.com/zh-TW

 第五節 加密貨幣相關應用案例──生命幣

前面的章節中，一再強調一般的貨幣或是加密貨幣本身是沒有價值的，但在創富區塊鏈的應用中，加密貨幣是商品交易或資訊交換過程中的媒介，所以擁有加密貨幣才能在數位化世界中玩

轉創富區塊鏈，並藉以轉變成財富。

　　本書通篇探討創富區塊鏈的重點要訣是在技術應用，只有技術應用得宜，才能為運用創富區塊鏈的專案帶來財富與價值。現舉生命幣為例，來探討加密貨幣的例用場景及實際的運作模式。

一、認識生命幣

　　生命幣是準備在英國公開發行的 ICO 專案，該專案對外募集資本的加密代幣就稱為生命幣 Life Coin；

　　專案的核心應用：是「創富區塊鏈＋大健康」，

　　項目名稱：為「用創富區塊鏈打造智能健康管理」。

　　生命幣的目標是要讓參與的用戶，有選擇性的和他人共同分享其個人的生命數據，支付用於獎勵的健康代幣，來鼓勵參與本項目的用戶養成好的健康行為和加入本項目各種健康管理專案，以求達到「得健康、賺財富」的人生目標。

　　在本項目發行的主軸，即是要明確聲明本項目的應用目標就是「擁有健康，即能擁有財富」。本項目是基於以太坊的開源架構下開發的區塊鏈技術應用，本項目的主要特點如下：

　　1. 去中心化；

　　2. 分散式記帳；

　　3. 智能合約不能竄改；

　　4. 開放式架構；

　　5. 物物交換、幣幣交換；

6. 智能健康管理；

7. 社交共用機制。

二、生命幣的功能

生命幣係為參與「愛自己、愛地球」活動的用戶用以兌換發行公司提供之課程、商品或服務所預售的加密代幣。本項目總共發行 2.1 億個生命幣，其中有 30％，即有 6300 萬個生命幣要讓參與的用戶採用走路及組織社交團隊的方式來免費獲得；另有 20％，即有 4200 萬個生命幣，會公平的分配給開發本項目的團隊成員；剩餘的 50％，即有 1.05 億個生命幣是要透過 ICO 分成三個階段對外籌募資本，以完成本項目的最終目標，帶動更多的用戶使用生命幣，促進流通與升值。

三、發行生命幣的意義及目標

藉由發行生命幣實踐利己利人的企業使命，經由生命幣激勵所有用戶保護地球、熱愛自己、關心他人，達成共享互利的新商業運營模式。

四、生命幣技術運作方式簡述

生命幣係採用以太坊（Ethereum) 區塊鏈技術產生之數位代幣，標準格式採用 ERC20，所有發行數量與發行規則可以在以太坊區塊公有鏈上查詢。

五、生命幣智能合約機制

當認購人由支持 ERC20 之以太坊錢包，轉入對應以太幣，智能合約偵測到以太幣轉入後，觸發智能合約的認購規則，經由程式自動按照當時兌換比率，將認購人認購之生命幣轉到認購人之電子錢包地址。有關智能合約認購規則可在公開的以太坊區塊鏈上查詢。

六、市場分析與機會

光看臺灣市場，預估大健康市場每年產值約 600 多億臺幣。現在及以前的世界都是要人們犧牲自己的健康來換取財富，所以很多人留下寓意深遠的警語「賺得全世界，賠上己生命」，而最著名的實例就是蘋果公司的創始人：Jobs；當蘋果手機橫掃天下，世界稱霸，但 Jobs 卻在他生命最輝煌的時刻，因為罹患疾病而告別世人。這樣的例子，實在不勝枚舉。

生命幣不同於一的區塊鏈，強調活越久、越健康、越有錢。只要用戶天天走路就可以來挖礦，不需要投入昂貴的礦機、不用絕頂聰明的算力，只要透過手機或智慧手環計步，將每天走路的數據記錄下來就能交換取得生命幣；取得的生命幣就可以到發起組織的電子商城內兌換各種商品與服務，或是兌換成比特幣、以太幣或是瑞波幣等加密貨幣。

而為了能夠一呼百應，增加流通性，還在白皮書中設計了社交功能，讓用戶樂於分享，爭取更多的人群認同；像是「一齊走

路，你我都健康、齊得幣」的社交功能，激勵所有用戶願意分享，進而呼朋喚友一齊來，吸引更多人認同生命幣。只要越多人認同生命幣，則生命幣的流通性越普及，那麼生命幣的價值就越高。

七、生命幣的特點

1. 用腳挖礦——走路就賺生命幣

本書通篇探討創富區塊鏈的重點要訣是在技術應用，只有技術應用得宜，才能為運用創富區塊鏈的專案帶來財富與價值。現舉的例子——生命幣就是應用「創富區塊鏈＋健康產業」的真實案例，現引以為例，旨在拋磚引玉，讓更多讀者激發創意，利用「創富區塊鏈」創造更多豐富而有價值的應用。

本項目首先站在用戶的立場設想，十分簡單，容易執行，只要有手機或智慧手環就能加入，不用另外下載 APP，透過 WeChat 就能隨時為你精準計算每天走路的步數。

(1) 走路就賺生命幣

本項目站在人性及利益趨動的角度，設計了很不一樣的獎勵制度；只要每天完成走路 10000 步的小目標，就可以獲得生命幣 1 枚，為了避免走太多危害健康，限定只在 10000 步才有資格換取生命幣，若當天超過 10000 步的部分就無法換取生命幣。比如今天結算你的總步數為 30000 步，則仍只能領到 1 枚生命幣。也就是為了兼顧本項目的初衷——越健康、越有錢，會限制用戶合適運動，而不會為了想多賺錢，而拚命走路，犧牲健康。

(2) 分享就有獎

如果用戶願意對外分享「走路賺幣」的訊息，還可以「分享就有獎」，每個對外分享成功後都可以獲得生命幣 10 枚。

(3) 分享成功得大獎

大家一起健康的慢慢變老，是生命幣最為重要的核心價值。在用戶組成的社交圈中，如果被邀請加入的親朋好友成為隊員，也能每天完成小目標——走路至少 10000 步，那麼邀請者本身也會跟著得到生命幣 0.2 枚。邀請越多人，就會賺越多。

(4) 使用生命幣，禮遇生命

從生命誕生的那一刻起開始，就可以享受生命幣帶來的尊榮禮遇。累積生命幣的好處除了享受生命幣的升值利益外，還可以交換各種實用課程、精緻商品、服務與美國、日本高端醫療。

(5) 幣幣交換，理財更容易

生命幣自建交易所，不僅能交換課程、商品、服務與醫療外，還能兌換市面上常見流通的各種加密貨幣，讓理財投資更簡單。

2. 活越久、越健康、越富有

隨著智能機器人的興起與大量運用，很快就可以預見大部分本由人類執行的工作將被智能機器人取代。大部分的人類勢必要

重新學習新技能，改變工作方式及內容，以求生存。

以後的生活型態也會有很大的變化，因為勞苦艱難或單調容易的工作都會改由機器人來為人類效勞，因此人類會越活越長壽；但也因不用勞動，將更加需要健康管理，以保身體安康。

相對的活越久、越健康，也需要更多的財富來養老；如何越老越有錢，值得每位創業家在創富區塊鏈新世界裡認真研究。

生命幣順應人性，採用激勵人心的共享經濟形式，進而帶動大家認識生命幣、愛用生命幣。

同樣在消費，花現金或刷信用卡，雖然拿到同樣的商品與服務，但使用生命幣卻會大大增值，讓生命幣用戶同時成為擁有使用權的消費者與所用權的股東。

醫護人員或健康管理師都會再三告誡現代人類想要活的長壽又健康，就得多動多走路；因此生命幣項目的發起就是要人更健康、更有錢，徹底顛覆傳統，不再讓人們用生命來換錢，而是要讓參與者同時擁有健康與財富。

3. 幣幣交換，賺差價

數位貨幣 ICO 想要成功發行，就必須要具有更廣泛的流通性。首要之務，就是要可以在交易所幣幣交換。生命幣就是有這樣特徵，除了可以在電子商務交換各種課程、商品、服務、醫療等等外，還可以在交易所交換各種數位貨幣。

4. 消費越多，賺越多

在共用經濟的信念中，用戶即是股東；所以消費越多，對企業組織貢獻就越大，享有的分紅就越多。在生命幣的系統設計中，表現的就是這一核心價值。走路換取生命幣，消費更要賺取生命幣，而且消費越多，賺越多。

5. 礦機買賣與租賃託管

該發行組織同時自設礦廠，組建礦機，除了買賣礦機外，亦有租賃託管業務。除生命幣ICO專案外，也會向出租人承租礦機；方式是由出租人自購礦機後，再出租給生命幣專案，生命幣租下礦機後會向出租人按月給付租金，並設有礦場及專業資工人員管理，租金所得換成年報酬率約在24％左右；除了讓出租人有穩定高效的收益外，又免去管理、維護礦機的麻煩。租期二年一簽，期滿可收回自己管理或續租給生命幣專案企業。

6. 越多隊友，賺越多

經營社群，開發隊友，號召一齊來走路挖礦，在共用經濟的新型態中，社群越大，企業越大。像FB就是活生生的例子，本來只是個簡單的社交平臺，幾年發展下來，已成為全世界最有影響力的廣告公司，今日生命幣ICO成功的關鍵就在社群拓展。不管哪一種貨幣，只要控制好數量，並有越來越多的人願意持有及流通，就會有加乘效應，越來越值錢。因此生命幣如何經營好

社群，像 FB 一樣開發更多用戶熱心加入走路挖礦活動，這個專案的 ICO 才有成功的機會。

7. 賺最大——加入生命幣 ICO

如何讓加入生命幣的隊友們賺最大，才能讓 lCO 成功發行。在生命幣 ICO 執行的過程中，是每一位成員要用心思考、更要努力實踐。

8. 幣幣交易買賣

理觀自辦交易所，讓生命幣得以和各種加密貨幣交易買賣，增加流通性，創造更多元價值。

9. 開辦相關課程

聘請相關專家擔任講師對外招生，定期舉辦各種相關課程。

三、解決策略

生命幣跳脫產業循環現有架構的思維，透過發行 ICO 連結新的商業模式，推廣「活越久、越健康、越有錢」。

實施方式：按階段透過「走路賺幣」APP，初期先讓各級學校的學生利用智能手機或智慧手環加入 5 種獎賞及 2 種以上的公益活動。獎勵分成 7 種方式，激勵每位參與者呼朋喚友一起走，走越久、越富有、越健康。

1. 人人有獎：

首次加入者，即可獲得 10 枚生命幣。

2. 經典獎賞：每日 1 萬步，就打賞。

經由 App 自動計算每日走路步數，每日走路達到 1 萬步，就算達標，即可獲得獎勵：1 枚生命幣，只要每個月天天持續達標，即再獎賞 300 枚生命幣，以獎勵參與者持之以恆，累計每個月至少可賺得 330 枚生命幣。

3. 直接推薦獎→推薦就有獎：

呼朋喚友齊來「走路賺幣」，只要你向親朋好友發出邀請，被邀請人完成加入，就會成為你的隊員，此時你與被邀請人都可以各自獲得 10 枚生命幣。

4. 特別獎賞：

共分成三種層級激勵，只要你組織的隊友或所屬的隊友再成功邀請的隊友，你均可獲得獎勵。分別是：

(1) 一級特別獎賞：

由你直接推薦的隊友，稱為一級隊友。只要一級隊友獲得多少獎勵，你都可再得到與一級隊員相同獎賞 20%的獎勵。

(2) 二級特別獎賞：

由一級隊友成功邀請加入的隊友，稱為二級隊友。只要二級

隊友獲得多少獎勵，你都可再得到與二級隊員相同獎賞的 5%。

(3) 三級特別獎賞：

　　由二級隊友成功邀請加入的隊友，稱為三級隊友。只要三級隊友獲得多少獎勵，你都可再得到與二級隊員相同獎賞的 2%。

5. 超級獎賞→超級耐力獎賞：

　　只要連續 3 個月，天天都能得到經典獎賞者，就可以再得 1000 枚生命幣。

6. 走路種下生命樹：

　　參與者除了可以兌換生命幣外，還能同時以每日的行走步數捐贈各種公益組織，比如可以為每一位符合資格的參與者，在主要的霧霾之源——阿拉善大沙漠（全世界第四大沙漠，面積是 3 個臺灣）種下一棵生命樹，讓你我為地球重生盡一份心力。

7. 大益行家：

　　發行單位聯手 271 家愛心企業，與你一起行善做公益。每天健走 1 萬步，不只能全數兌換生命幣外，還可以種下生命樹或捐做善事行公益。一兼三顧，樂趣無窮。

(1)ICO 募資發行

　　ICO 是一個全新的資金籌募方式，對於生命幣要做的事情，實際上無前例可循。對於創投來說，他們最在乎的是可以獲利多

少？何時可以出場？對於新創來說，是很大的致命傷，生命幣是將上各種通路必須付出的成本透過 ICO 轉換成點數回饋給支持生命幣的認購人。

(2) 共享經濟模式

透過人與人的連結，以「愛地球、得健康、賺財富」為主題，採用互利的共享經濟模式，引導更多關心健康議題的用戶主動加入本項目。由專業團隊開發出利用手機，設計自動計步功能的社交 APP，使用簡單的兌換應用模式激勵用戶，讓用戶吸引更多用戶加入。

四、競爭優勢

1. 主題明確；
2. 專業團隊；
3. 應用得宜；
4. 面向國際。

第四部

引領你跟上世界新潮流！

第七章
世界新潮流——健康富有的新人生觀！

第一節 正確認識創富區塊鏈的價值

在很多人眼裡，比特幣就是創富區塊鏈，創富區塊鏈就是比特幣。然而，事實並非如此——就如同比特幣最近大跌，而創富區塊鏈大熱一樣，兩者之間並沒有正比關係。比特幣，其實只是創富區塊鏈技術的第一個成熟應用而已。

近一、兩年來，創富區塊鏈成了各行業熱議的新技術，幾乎所有領域都在開展相關的探索甚至研發。為了使人們瞭解該技術在多個行業中的潛在作用，Business Insider 的調查服務部門 BI Intelligence 對其在金融、商業、政府及其他行業中的用例進行了較為全面的總結，使該技術目前的發展情況變得清晰起來。

今年到目前為止，比特幣及其他加密貨幣熱度居高不下，不過人們的關注重點正在漸漸轉向支撐這些貨幣的底層技術——創富區塊鏈。

這種技術有著更為廣泛的應用。下面是 Business Insider 的調查服務部門 BI Intelligence 對該技術在金融、商業、政府及其他行業的應用所進行的總結。

一、創富區塊鏈在銀行與金融業的用例

1. 跨境支付

　　創富區塊鏈技術從根本上理解起來並不難。它是一種包含了經過驗證及加密的條目的共用資料庫，可以將其想成經過嚴格加密與核實的 Google Document。

　　創富區塊鏈提供了一種安全有效的防篡改日誌方法，這使得它非常適合跨境支付與匯款。桑坦德銀行研發創新主管 Julio Faura 告訴 BI Intelligence，他們對該技術在支付領域的潛力特別感興趣；作為一家大型商業銀行，桑坦德有許多零售客戶可以透過更有效和更便宜的支付受益，特別是在跨國轉帳領域。

　　透過減少對銀行手動結算交易的需求，創富區塊鏈技術可以降低這些轉帳的成本。Faura 表示，雖然桑坦德不能使用現有的支付軌道實現這一點，但使用基於創富區塊鏈的系統則有可能。

2. 資本市場

　　桑坦德銀行還看到了區塊鏈系統改善資本市場的潛力，但 Faura 指出這些解決方案會比支付領域的複雜得多，因此其開發需要更多時間。

　　瑞信也專注於區塊鏈在資本市場和企業銀行的用例。並且資金也開始流入該領域，為資本市場開發區塊鏈解決方案的創業公司 Axioni 在 2016 年獲得了摩根大通的投資。

3. 貿易融資

巴克萊於 2016 年 9 月在活躍客戶間進行了較早的貿易融資交易，使用了一個與以色列金融科技公司 Wave 聯合開發的系統。其交易是個信用證——確保貨物收到之後買賣雙方完成支付的檔案。執行信用證通常是個基於紙本檔的緩慢過程，但巴克萊的系統能夠在 4 小時內執行原本需要一週才能完成的交易。

該信用證確保了價值 10 萬美元的農產品從愛爾蘭合作企業 Ornua 出口到 Seychelles 貿易公司。這證明了全球貿易融資領域非常重要，每年價值約 10 兆美元。

貿易融資的傳統方式是這種業務的主要痛點，因為這種緩慢的流程干擾了業務並使流動性難以管理。巴克萊的成功交易展示了區塊鏈可以如何簡化貿易融資交易，並強調了該技術在金融服務方面的具體用例。

4. 監管合規性與審計

創富區塊鏈高度安全的本質，使其對會計和審計業務頗為有用，因為它能大幅降低錯誤率，確保記錄的真實；會計記錄透過創富區塊鏈技術被鎖定後就無法更改，即使是記錄所有者也不能改變，能消除對審計員的需要並減少工作。

5. 防止洗錢

創富區塊鏈的加密特點使其在打擊洗錢方面格外有用。這種

基礎技術有利於保存記錄，支持 KYC，即企業驗證客戶身分的
的過程。

6. 保險

可以說創富區塊鏈在保險方面最厲害的應用是透過智能合約
實現的。據德勤調查，這種合約能夠使保險公司及其客戶透過真
正透明安全的方式管理索賠，所有合約及索賠都可以記錄在創富
區塊鏈上並由該網路證實。例如，創富區塊鏈可以駁回針對同一
事故的多個索賠。

7. P2P 交易

Venmo 等 P2P 支付服務非常棒，但仍然存在限制；一些服
務對交易有著地域限制。另一些則會收取費用。它們大多容易受
駭客攻擊，這對於把個人財務資訊存放在那裡的客戶來說令人擔
憂。但創富區塊鏈技術的上述優勢可以解決這些問題。

二、企業中的創富區塊鏈應用

1. 供應鏈管理

創富區塊鏈不可更改的帳本使其非常適合用於追蹤貨物，使
用創富區塊鏈為運輸這些貨物的公司提供了多種選擇。

創富區塊鏈可以用來排列供應鏈上的專案，例如，可以把新
到港口的貨物分配到不同的貨櫃中。

創富區塊鏈提供了一種組織追蹤數據並予以使用的動態新方式。SkuchAIn 和 Factom 等公司提供了使用創富區塊鏈的供應鏈解決方案。

2. 醫療保健

適合使用創富區塊鏈的醫療數據包括年齡、性別等一般資訊，以及一些基本的醫療記錄數據，如免疫史和生命體徵；這些都不能定義某個特定的病人，因此可以儲存在共用區塊鏈上供多人訪問，不用過度擔心隱私。

專業的醫療設備越來越普遍且與個人的健康記錄聯繫更加密切，創富區塊鏈可以把這些設備與記錄連接起來。設備可以儲存其在醫療區塊鏈上生成的數據，並把數據附到人們的病歷中。這種醫療設備的關鍵問題在於其生成的數據是分隔開來的，而創富區塊鏈可以將其聯繫起來。

3. 房地產

房主一般每五到七年就會出售一次房子，而每個人一生中平均要搬大約 12 次家。因此，創富區塊鏈自然也可以在房地產市場中得以應用。

該技術可以透過迅速驗證財務資訊加速房產銷售，透過加密減少欺詐，並在整個買賣流程中提供透明度。

4. 媒體

媒體公司已經開始採用創富區塊鏈技術。7月，創富區塊鏈內容平臺 Decent 宣布推出 Publiq，可以允許作者和其他內容創建者透過創富區塊鏈發布作品並立即收到付款。康卡斯特先進的廣告部門也開發了一種新技術，可以使公司透過區塊鏈購買廣播或電視廣告。

5. 能源

據普華永道調查，創富區塊鏈技術可以用來執行能源供應交易，還可以進一步提供計費、開具帳單及結算流程的基礎。其他潛在應用包括所有權證明、資產管理、原產地擔保、碳排放配額以及可延期能源證書。

三、政府中的創富區塊鏈應用

1. 記錄管理

國家和地方政府負責維護個人記錄，如出生年月、死亡日期、婚姻狀況或財產轉移等資訊。但是管理這些數據非常困難，目前一些記錄只以紙本檔的形式存在；有時，居民必須親自去地方政府辦公室進行更改，這種不必要的過程既耗時又令人心煩。創富區塊鏈技術可以簡化記錄的保管並提高其安全性。

2. 身分管理

創富區塊鏈技術擁有區塊鏈上的足夠資訊，人們在證明自己身分時只需提供最基本的資訊即可。

3. 投票

行動投票平臺「Votem」的首席執行官 Pete Martin，日前向 Government Technology 介紹了創富區塊鏈在投票中的應用：「創富區塊鏈技術具備民主社會重要平臺的所有特點：容錯。不能更改過去和現在的資訊，不能更改訪問許可權，每個節點看到的結果都是相同的；所有投票都能被追溯到源頭，且不會破壞投票匿名性。可驗證的端到端投票系統能夠使投票人查看自己的投票是否得到了有效記錄。如果自己的投票遺失、被轉移或更改，投票人能夠在選舉結束前發現。」

4. 稅收

創富區塊鏈技術可以透過把資訊儲存在創富區塊鏈上，使繁雜的報稅流程更有效率，這個過程容易出現人為操作的錯誤。

5. 非營利機構

最近的調查顯示公眾對慈善機構對信任達到了歷史新低。創富區塊鏈可以解決這個問題，可以向捐款人展示非營利機構將他們的資金用在了實處，進而提供透明度。並且，創富區塊鏈技術

可以幫助非營利機構更有效地分配資金，更好地管理資源並提高追蹤能力。

6. 立法／合規性／管理監管

今年早些時候，愛爾蘭基金、德勤、北方信託和美國道富銀行聯合開展了一個專案，透過其口中的「RegChain」查看創富區塊鏈可以如何推動監管彙報。這個概念驗證透過智能合約功能管理彙報情況，並加強合規性。該試驗最終提高了透明度並保障了數據儲存的安全。

四、其他行業的創富區塊鏈應用

1. 金融管理／審計

如果創富區塊鏈真的像它在過去幾年中所展示的那樣安全，那麼這種密不透風的安全性對消費者來說極具吸引力。

2. 股東投票

Nasdaq 在 2016 年與創富區塊鏈創業公司 Chain 聯合進行了一次試驗，開發一個可以用數位資產表示投票權的系統。Nasdaq 認為該試驗取得了成功，對這個系統作了以下描述：「這種系統以傳統方式使用創富區塊鏈按照 CSD 的彙報記錄證券所有權。

該系統還可能以此為依據向每一位股東發放投票權利資產和投票代幣資產。擁有兩種資產的用戶可以使用投票代幣對每一個

會議事項進行投票。」

3. 記錄管理

如前所述，創富區塊鏈最重要的加密特點使其在記錄管理上非常有用，因為它能夠防止複製和假冒條目的進入。

4. 網路安全

創富區塊鏈在網路安全方面最大的優勢，在於它能夠消除單點故障的風險。創富區塊鏈技術還能夠提供端對端加密和隱私。

5. 大數據

創富區塊鏈具有不可變的特質，並且該網路上的每一臺電腦都在不停查看儲存在上面的資訊，這使得創富區塊鏈成為儲存大數據的絕佳工具。

6. 數據儲存

適合儲存大數據的原理同樣適用於數據的儲存。

7. 物聯網 (IoT)

創富區塊鏈可以在一系列物聯網領域中發揮作用，比如：

供應鏈：在貨物運送過程中追蹤其地點，並確保它們處於特定的環境中。

財產追蹤：監測財產和機構，進而代替雲端方案記錄活動與輸出。

醫療保健：實現多位利益相關者間的醫療數據記錄和共用，使其掌握一些數據，同時提供訪問其他資訊的加密鏈接。

第二節 從 Internet 到創富區塊鏈，世界在提速

面對時代發展的洪流，想要看清趨勢已屬不易，如何鼓起極大的勇氣，投身到創富區塊鏈的「革命」當中？

以銅為鑒，可以正衣冠；

以人為鑒，可以明得失；

以史為鑒，可以知興替。

如今的創富區塊鏈，就是當年的 Internet。當年說 Internet 是泡沫、是黑色鬱金香，是因為外界看不懂 Internet，拚命燒錢、沒有盈利模式，馬雲一直頂著騙子的頭銜，一步一步走到事業的巔峰。

而今我們對創富區塊鏈又是一樣的態度，這些耳熟能詳的形容詞彙又一股腦推到創富區塊鏈創業的領域。世界正在提速，科技創新的加速度發展，已經成為現實。再過幾年，將會出現一個數兆美元的「經濟體」，這個經濟體不是一家公司，不是以公司形態出現。因為，創富區塊鏈不是挑戰某一家公司，而是所有公司，挑戰的是整體公司體制。

　　我第一次接觸創富區塊鏈是 2009 年。當時有一家著名的大型風險投資公司，很早就因為投資了特斯拉、百度等 Internet 應用企業而舉世聞名，當他們開始大談特談比特幣，我當時沒聽進去，也沒當回事，只是把比特幣當作遊戲幣，不認為有多厲害。後來因為比特幣，帶出了很多區塊鏈的專案出來，所以可以把比特幣當作第一個創富區塊鏈專案。第一個專案出現後，就代表之後還會有更多專案出現。

　　當時還沒有提出創富區塊鏈的概念，是先有比特幣，再有創富區塊鏈。第二次接觸創富區塊鏈是 2013 年有位美國矽谷回來的投資大師跟我大肆吹噓比特幣，說未來的一個比特幣就是一棟別墅，是最貴的東西。我還是沒當回事，依然不為所動。

　　當時我覺得這東西很虛，背後沒有價值支撐體系。他叫我應該放一小部分錢到比特幣。現在他遇到我都會說我，當初要是聽他的，就不會錯失好幾個億了。第三次接觸創富區塊鏈是 2017 年。現在我認為，創富區塊鏈正帶領人類步入下一個階段，它和造紙術、工業革命、網際網路同等重要。

　　現在人類又將進入一個臨界點。以前我們會分成「Internet 之前的人類」和「Internet 之後的人類」，未來會說「創富區塊鏈之前的人類」和「創富區塊鏈之後的人類」，而且創富區塊鏈將比 Internet 發展還快，Internet 得到全面普及化，用了 20 年左右的時間；最早的一個網站一天有 10 萬人上線，就很厲害了，今天一個 App 沒有上億用戶，都沒覺得有特別大意義。

20 年左右的時間，成就了 Google、Facebook、騰訊、阿里巴巴這種數兆市值的公司。世界在提速，在指數級增長，當人類從石器時代緩慢發展，越到後面，發展越快。

創富區塊鏈的發展要比人工智慧還快，因為創富區塊鏈從 Internet 誕生的時候就有了，它一開始的發展很平，到了拐點後將呈現指數級增長。

第三節 瘋迷創富區塊鏈

我有一個朋友是唸美國史丹佛大學本科和研究生畢業的高材生，專門學電子工程，學習電腦程式編法、撰寫程式代碼等，所以從 1993 年起他就開始接觸 Internet。那時候要上網，要自己安裝和配置一堆東西，很不容易，當時他就讓我看到了 Internet 的神奇。可以說，在最早的 Internet 創業人中，他算是唯一專業對口的專家，別人都只是半路出家的。

當時他學 Internet 技術的時候，這個 Internet 專業還是很冷門的；雖然 Internet 技術不是新技術，就像今天的人工智慧和區塊鏈，都是老技術。但它們在很長一段時間的沉靜狀態之後，都在一個角落等待機會爆發。

他當時就非常看重 Internet，認為 Internet 能夠改變世界，1998 年他從美國畢業後就到中國創業，開始做「ChinaRen」。當時的輿論不是很能理解 Internet 公司，包括創投也不理解，認為

我們是騙子，一個公司不賺錢，天天燒錢，有什麼前途？

在當時看來很不可思議的事情，今天大家都能接受。當時還有另外一方力量，認為 Internet 增值如此快猛，所以狂投。當時的中國資本是不支持的，西方是支持的。

美國 Nasdaq 當時出現的第一個上市的不盈利公司就是網景，後來雅虎、亞馬遜、eBay 紛紛上市。一堆在不盈利狀態下的公司，不但拿到一級市場的投資，還能夠上市到二級市場，並且股價不斷上升，當時看來是很神奇的。

這和今天各種代幣的增長速度是沒有區別的，所有人都沸騰了。當時沸騰後，很多過去保守的機構也開始瘋狂投資，包括公司的第一個機構投資方高盛資本，是一家有 100 多年歷史的投資銀行，開始投向 Internet，也投資了「ChinaRen」500 萬美金，按照現在的標準，這個錢將近數億，估值 1500 萬美金。

當時「ChinaRen」的新聞發布會在香港召開，他只有 23 歲，他告訴我當時高盛董事總經理看著他們資料的時候，竟然將投那麼多錢在一個 23 歲的人手裡。

除了真正想用 Internet 改變世界的人，還有一幫投機型創業公司，他們都有一個跟 Internet 相關的名稱、有一個很好的概念，包裝好後就上市圈錢。

像美國有一家概念很好的創業公司，在 1999 年以 29 億美元賣給了雅虎，然後轉手去買 NBA 球隊，轉型不玩 Internet。一直瘋狂到了 2000 年以後，Internet 泡沫破滅，很多投資人因為投資

這些破滅的泡沫公司，跟著損失好多錢。

但是最終有 1%的 Internet 公司真正做到了以 Internet 改變人類這個事情，事實發生了。

現在人們對創富區塊鏈的瘋狂和當年 Internet 是一樣的，同樣的情景，沒有幾個人在用創富區塊鏈，估值也同樣巨高無比；但收入不高，更別談利潤。

歷史證明，好的東西是擋不住的。以前大家都覺得 Internet 節奏快，其實創富區塊鏈的節奏更快，許多創富區塊鏈從業者說，時間就是金錢，已經快到沒有時間睡覺了。但是，我不太同意時間就是金錢的觀念；因為，如果我們真的只是奔著錢去做創富區塊鏈，就不會做出偉大的成果。

在 Internet 創業的時代，我就發現有兩種人：

一是堅信 Internet 能夠改變世界的人；

二是覺得 Internet 圈錢很容易，想好好撈一筆錢的人。

這兩種人最後的結局是不一樣的，那些想撈錢的人最後或許撈到了；但只有那些真正的想改變世界的人，最後改變了世界！所以，要分辨這兩種人，就要看他的「革命思想」堅定不堅定。做區塊鏈是一樣的，要想清楚：你是想錢，還是真的認為創富區塊鏈很偉大，可以改變世界。

第四節 認識創富區塊鏈的本質

一、再說創富區塊鏈是什麼？

創富區塊鏈就是一個技術，就和 Internet 技術一樣。通俗的講，所謂 Internet 技術就是用網線、交換機、路由器將電腦連接起來，創富區塊鏈技術也就是我們常講的分布式數據。

從技術角度來講，創富區塊鏈並不是一個新鮮的概念，早在上世紀 90 年代就出現了。但是，僅僅關注技術層面是不夠的，我們要理解，這項技術背後所帶來的本質上的改變是什麼？

創富區塊鏈和 Internet 最大的區別是什麼？是創富區塊鏈首次使顆粒化的自組織發展變為可能。

Internet 最開始也是分布式的，可以說是百家爭鳴；但後來隨著大型網站、雲端計算的出現，使網際網路變的逐漸集中化。現在 Internet 已經不只是算力的集中化，還形成了組織的集中化，出現了少數寡頭。

Internet 從一個分布式的模式，已經演變為集中化的模式。所以創富區塊鏈的意義就在於：重返 Internet 的本質，建構一個去中心化的分布式模式。

二、創富區塊鏈挑戰當今公司的現有組織形式

公司的概念，已經存在了千百年，無論是在東方還是在西方，儘管稱呼不同，但是本質上是一樣的。中國人以前沒有公司

的概念，我們稱之為生意。

和西方的公司體制，相對應的一套完整的四層體系：西方的資本家，我們稱之為東家；西方的高管，我們稱為掌櫃的；西方的員工，我們稱為夥計；西方的顧客，我們稱為客官。

無論是東方還是西方，公司的體制千百年來幾乎沒有發生過變化，掌櫃和夥計要對東家負責，高管的責任是創造股東價值。

直到 200 多年前，有一個人在大英博物館學習的時候，他突然感悟到這一切是不對的。資本家、投資人用資本優勢，占據著公司的股份；而公司的管理者、員工雖然幹了很多活，但最終大量的價值是被資本家拿走，這是極其不公平的。

這個人就是馬克思，他在《資本論》中就提到了這一點。馬克思在《資本論》中提出，社會的發展分為四個階段：

1. 封建主義時代

在封建時代整個社會是不流動的，唯出身論。社會有等級的畫分，比如貴族、奴隸主等等。

2. 資本主義時代

工業革命以後，進入了資本主義時代，社會已經開始了流動的。比如一個人很努力，靠自己的能力，積攢了許多財富；然後他就可以出資辦公司找人打工，他的資本財富也會越積越多，最終形成大資本家。

3. 社會主義時代

馬克思認為，資本主義呈現的社會形態及其不公平，他認為最終會進化到一個全新的、按勞分配的社會主義時代。

4. 共產主義時代

社會主義的最終形態就是共產主義，當人類的精神文明達到一定高度的時候，我們會從原本的按勞分配轉向按需分配，也就是共產主義時代。

但是按勞分配有一個最大的問題：每個人的貢獻值是很難衡量的。隨著創富區塊鏈的出現和應用，將會打開一個新的局面。創富區塊鏈是一種分布式、透明的的記帳模式，就可以非常公平、公正、透明的衡量出每一個人做出的貢獻值，而且是不可篡改的，讓分配不公這個事情被解決掉。

所以我認為馬克思在《資本論》中的論述是正確的，但是缺創富區塊鏈技術。創富區塊鏈技術可以真正實現按勞分配，挑戰傳統不公平的公司制度，讓每個人既是員工又是高管又是顧客，三位一體，完全打通。它幹掉了資本家，沒人獲取剩餘價值。此外，在現在的經濟體當中，顧客也是無法獲取價值的。

比如說，我每天去漢堡店消費，漢堡店賺了好多錢，然後上市，但是這跟我一點關係也沒有；消費者的錢都被老闆、股東賺走了，這是很不公平的。因為作為消費者，我也屬於這個經濟體的參與者，我也應該獲得更大的價值。

　　在創富區塊鏈打造的經濟體當中，是不存在股東的，所有的價值都屬於每個參與者，如何分配都會公開、公正的得到分配。

第五節 如何判斷創富區塊鏈專案的好壞？

　　好多人在問我，如何分辨一個行業或者領域，是否適合創富區塊鏈的應用？

　　其實非常簡單，就是馬克思以前提出的理論——哪裡有壓迫，哪裡就有反抗。

　　什麼意思？簡單的理解就是：哪裡的用戶需求最強烈，哪裡競爭最激烈，哪裡可能就有可以改造的空間，而目前需求最強烈的是 Internet 領域。在傳統的經濟下會導致一個必然就是——壟斷，因為只有壟斷，才能創造最大化的市場價值。比如 Facebook、Google、阿里巴巴、騰訊等 Internet 寡頭就極大化地壟斷了價值。

　　因為現在的 Internet 行業是一個極其中心化的模式，所以價值都被少數寡頭所壟斷，它們得到的是超級利潤，這很不公平。這些 Internet 寡頭，靠資訊數據為生，他們榨取了數據的最大價值。比方，我們使用 Google 搜索，貢獻了大量數據，Google 卻靠這些數據賺取了超級利潤，而我們沒有獲得任何價值。那如何打破這種傳統的中心化模式？

　　就基於創富區塊鏈，建構一個全新的經濟體。在這個新經濟

體中，每一個參與者都可以公平、公正、公開的獲得價值，這個體系是更具生命力的。也就是說，我們不與 Google、阿里巴巴、百度那些巨頭搶奪「土地」，而是開發出一片新的「土地」。

所以，有一句話是：「種自己的田，讓他們無田可種。」

但是，創富區塊鏈的經濟體系必須要有一個價值憑證來維繫迴圈，所以看創富區塊鏈專案的時候，要看有沒有形成迴圈；也就是說要有人用，要交換，而形成迴圈的一個必要環節就是加密代幣（Token）。

有些企業聲稱，只做創富區塊鏈，不做加密代幣，這是完全不正確的。加密代幣（Token）就類似於貨幣，只要有交易發生，就必須存在代幣。我認為，在基於創富區塊鏈新的經濟體中，只有生態，沒有加密代幣（Token），是一個偽概念。

就像汽車和汽油，駕駛汽車就必須有汽油，否則機器是運轉不了的。創富區塊鏈和加密代幣（Token）就是這樣的存在關係。加密代幣（Token）其實就是演算法，它是一個權益憑證；就如同房產證、戶口本、網路 ID 等，是權益的一個證明和保證。它的基礎是一種廣泛共識。就像貨幣能夠存在是一樣的，一定是基於共同認可。現在貨幣是由政府的信譽背書，而代幣是基於區塊鏈技術的「背書」。

作為創富區塊鏈體系中的價值憑證，當你需要服務時，你就需要在創富區塊鏈系統裡支付代幣；當你付出勞動時，你就可以相應獲取加密代幣（Token）作為你的權益憑證。這是非常關鍵

的一點，它是區別於現實生活的一個新經濟體系。

Telegram（電報）是一個去中心化的社交網路專案。目前社交網路被騰訊、Facebook 壟斷了，Telegram 作為去中心化的社交網路，勢必把商業價值要還給用戶，挑戰中心化的社交活動。

去中心化社交平臺 Telegram 已經成為了一家全球通用的幣圈交流通道，創始人杜洛夫打算發起一個全新的創富區塊鏈平臺及加密貨幣，這個叫做「TON」（Telegram Open Network）的區塊鏈平臺將透過 Telegram 上 1.8 億的龐大用戶規模把加密貨幣推向主流，將 Telegram 打造成最具發言權的加密貨幣平臺。儘管微信支付足夠便捷，但它還是過於中心化；而 TON 這樣的去中心化平臺就可以提供更多的安全和普適保證。

「去中心化銀行」Arise Bank 是一個挑戰銀行體系的區塊鏈專案，剛被美國政府喊停 ICO。

為什麼要挑戰銀行體系？因為銀行體系同樣榨取了太大的利益，非常不公平；銀行利用資訊不對稱，導致不管是你是存錢的，還是是借錢的，反正最大的利益是它。所以它挑戰商業銀行體系，要做一個去中心化的銀行，還利於民。

CDC 消費鏈是一個公鏈專案，要把所有被欺負的人、中小實體聯合起來，打造一個沒有壓榨的生態和經濟體。把公鏈開發出來之後，開源，讓全世界的人一起來開發這個區塊鏈專案，完全透明公開，所有的代碼都看得到。

相比 iOS 系統、安卓系統、塞班系統、Windows 系統，這

是一個全新的操作系統，要做全天下的消費數據，不只是交易數據，交易數據是遠遠小於消費數據的；消費數據是完整的數據，在哪消費、買什麼東西、多少錢，這個數據量遠大於交易數據。

為什麼我看中這些專案？因為我認為這些都是最被壓迫的地方。網際網路有三塊被壟斷：交易、交流、資訊。Telegram（電報）屬於交流，Arise Bank銀行屬於交易，金融裡面的交易數據、資訊數據則屬於數據，大數據被少量的公司擁有，所以獲取了大量利潤。

 ## 第六節 傳統法幣，將被數位化的加密貨幣淘汰

不過，我認為創富區塊鏈市場一定要被監管的，為什麼？如果大家的精神文明到達一定高度，是不需要監管的；但由於我們人類有非常惡的一面，想坑人、騙人的非常多，壞人很多的情況下，國家要維持秩序，讓壞人不能得逞。

創富區塊鏈是一樣的，這個新東西必須要被管理。反詐騙是一個巨大的痛點，很多創富區塊鏈專案可能本身是最大的詐騙，所以監管是要一定要存在的。

現在的監管體系不適合創富區塊鏈，為什麼？因為創富區塊鏈太新了，不能按照現在的管理辦法來管理處罰，就跟網際網路一樣；網際網路出現的時候，如果按照原來管報紙電視廣播的管理體制，是管不好網際網路的，所以中國才成立了網信辦，以網

際網路的方式來管理網際網路。現在世界各國必須要有一個新的管理體制出現，使壞人不能得逞，讓創富區塊鏈進入一個良性發展過程。

五年之內，各國一定會發數位貨幣。前幾日，英國、中國已經開始公布要準備發行數位貨幣，委內瑞拉發布了石油本位的數位貨幣，其他國家勢必要發自己的數位貨幣，美國也會發，為什麼？因為創富區塊鏈的全球化，將是數位化貨幣最好的機會。

什麼叫數位化貨幣全球化？目前美元是全球化的，但數位化貨幣不是，比如尼日利亞一個人要去買罐飲料，現在仍沒法使用數位化貨幣。但如果是一個數位化貨幣，他只要掏出他的手機，可以直接用一個數位化貨幣在尼日利亞買罐飲料，數位化貨幣立馬全球化。

目前世界是二元的，一個是數位化貨幣，一個是美金，誰能夠先把握大的世界潮流，誰就是占優的，預見未來數位化貨幣和美金在很多層面會有很激烈的競爭。

我有一個更大膽的預測，10 年之內，傳統法幣將會被數位化加密貨幣淘汰，以後法幣將只剩下數位。像現在的微信和支付寶支付的是電子貨幣，但最終的貨幣還是傳統貨幣，只不過加了一層轉換；但是這做不到全球化，因為它不是數位貨幣，所以它還需要轉換的過程。

像中國人到美國想用微信支付一個東西，是搞不定的，為什麼？因為美國連不到中國的銀行體系，中間需要幾次換匯，誰都

搞不定誰，但是數位化貨幣的支付系統就會導致立刻全球化。

因為數位化貨幣是個去中心化的貨幣，而非數位貨幣在邊境是限制流通的。

第七節 全面擁抱創富區塊鏈

投資人將會是一個歷史的產物。什麼意思？公司化的體制不會被完全淘汰，只不過我認為只占半壁江山，平行世界，共同存在。傳統的公司體制特別像「君主制」，創富區塊鏈化的經濟體則是「共和制」。

19 世紀和 20 世紀，在人類歷史上發生最大的事情就是走向共和，絕大部分國家已經從君主制進化到了共和制，所以公司也會進化到創富區塊鏈化的經濟體。

CDC 消費鏈專案，面對的中心化機構是誰呢？

原來 2C 的中心化機構，如阿里巴巴、百度、Google，它們壟斷數據，如果它們不是賺取那麼多超級利潤，我們為什麼要打破中心？

相比中心化的體制，非中心化更難，為什麼？因為效率低。分布式資料庫的同步是很慢的，所以為什麼經常以太坊、比特幣交易的同步會花很長時間；為什麼比特幣轉帳那麼久後才能夠確認是誰轉帳的，為什麼要限制每秒能處理多少次的交易？原因就是分布式計算，天生效率低下；這是技術所限，分布式記帳有一

個投票機制。

那為什麼大家還要創富區塊鏈呢？就是因為不公平，在中心化下只有少數人人賺取了不合理的利潤。哪裡有壓迫，哪裡就有反抗；哪裡有欺負，哪裡就有反抗。如果又不欺負、又公平、又不收錢，中心化自然更好。

CDC 消費鏈，因為開源的概念，如果你想進入什麼具體的行業垂直市場，你來開發，你做貢獻，只要接納了你的代碼，就給你獎勵。你覺得什麼因素特別好，你提議，然後你開發，給你獎勵。這是個大生態。

貢獻數據會得到獎勵，看廣告也會得到獎勵；你真的把這個廣告看完，廣告主可以透過數據發現你特別適合他，所以他就充幣讓你看廣告，當然前提是你要把這廣告看完。技術劣勢，這是區塊鏈最大的問題。

CDC 消費鏈為什麼要開發自己的公鏈，不使用以太坊的開源代碼呢？因為以太坊技術，把消費數據和交易數據等同了，它的效率低下直接影響到運行，所以必須搞一個混合式的模式，半中心半分布式，同時提高數據的運行效率。

去年人工智慧熱門的時候，大家開始討論人工智慧能不能顛覆傳統的 Internet 巨頭。Internet 巨頭會不會來做創富區塊鏈？沒用的，他們放棄不了「皇權」，放棄不了它的巨額利潤，它們就想維繫它的體系，還是傳統的套路，那就沒戲了。革命的人，很難革自己的命。

創富區塊鏈根本不怕 Internet 巨頭，因為它們背負著巨大的守舊勢力，肯定搞不成功。

第八節 跑馬圈地，創富區塊鏈席捲而來

現在是跑馬圈地的時候，是占坑的年代，就像 Internet 剛開始的時候。我也開始全面擁抱創富區塊鏈，在革自己的命。因為我過去是投資人，是既得利益者，活得挺好，就是認知到了趨勢，然後我就開始找重點。我發現我們的消費數據被巨頭壟斷後，還要給它們交錢，讓我覺得特別不公平，巨大的不公平，創富區塊鏈就是解決不公。

這個巨頭最早創業是為了滿足需求，後來發現滿足需求後變成壟斷，為了持續壟斷，就要把其他想要滿足需求的傢伙幹掉。我認為，只有大家集體滿足需求，這樣的集體活動更公平。

創富區塊鏈技術席捲而來，最大受益的群體是誰？短期來看，現在好多炒幣的想賺一筆，如果他跑得快的話，可能短期受益；跑不快的話，可能會虧、會砸了。現在很多空氣幣能夠橫行，但將來就橫行不了，有兩個原因：

第一個原因是以圈錢為目的的創富區塊鏈專案或者 ICO 專案，將被市場正常淘汰，沒有生命力的專案，將來的價值肯定趨於零的。

第二個原因是來自於國家的監管，我認為創富區塊鏈體系被

監管是對的，有些國外的提法說創富區塊鏈是無政府；我不這麼認為，我認為公利是一定要存在的，我認為國家發行的數位貨幣一定是可以追溯的。我們活在這個世界，不是獨立體，必須要有責任。

創富區塊鏈會讓世界變得更加美好，分配就看誰貢獻大，誰獲得的多。社會趨於更加公平。參與區塊鏈的方式很簡單，就是拿自己的腳投票。比如你原來開個電子商店，因為太競爭，所以天天難受死了，現在到創富區塊鏈專案的資訊上面找你的客戶。少數人可以去發起創富區塊鏈專案，改變世界的畢竟是少數人，然後大多數人享受創富區塊鏈所帶來的美好。

第九節 大家的財富來自於哪裡？

用腳投票，遠離現在賺暴利的中心化。在去中心化的偉大信念，讓我們學種我們的田，讓在中心化的那幫暴利的傢伙無田可種，再不給他們當長工了。也就是集體所有制，所有持幣的人和所有參與的人共同創造財富、擁有財富。

創富區塊鏈可以分為三代：

第一代是概念，比如比特幣，完全沒什麼用，只不過是像一個金屬、石頭，像黃金和鑽石一樣的物體，沒什麼用的。

第二代是純技術，比如以太坊，但它還不知道幹什麼用。

第三代是具體應用，像運用以太坊在瀏覽器、電商上面，讓

百花齊放、百家爭鳴。

經歷過 Internet 的人都想要搶占一個特別大的坑，肯定一開始先挑最好的，高頻、剛性需求，比如資訊流、資金流。銀行也是特別好，但風險更大，所以還是先做消費，消費風險小，比較好做、比較安全。

雅虎是 1993 年成立的，當時我就認為 Internet 會特別熱絡，如果我現在才這麼說，大家覺得好正常，但是在當時的環境下說這話，還是蠻奇怪的。

1998 年開始，在臺灣，天天講 Internet 如何改變大家的生活，以後我們的人生將完全在 Internet 當中。當時大家認為很奇怪，但到 2003 年再創業的時候，真是看到 Internet 全面普及的那天。現在，我將看到創富區塊鏈全面普及的那天了。

先知先覺者不僅是理論趨勢的先驅，還是一個行動者的先驅。我認為對的就得去做，敢為天下先；既得利益者是很難有這種前瞻性思維，有認知障礙。參加革命的人有兩種，一種是原來混得差的，他才有革命的想法，野蠻進入，還有一種是有眼光、需要非常高認知能力的精英。

將來的發展，就是誰能夠真正認知到本質的變化。

2017 年中國及韓國都下了 ICO 禁令，我就想，怎麼鬧得這麼厲害？當我開始大肆說創富區塊鏈時候，大家說我是不是步入了傳銷組織？很多人就質疑創富區塊鏈，認為都是騙子和傳銷。

原來傳統行業都是高高在上，搞 Internet 的都是幫騙子，這

是認知的不同。到現在的創富區塊鏈，在挑戰整個公司的組織形式時，又是有更高層次和維度。

第十節 新富人生觀

創富區塊鏈投資爆發，你到底清楚自己擁有多少財富才算夠嗎？無論現在是貧窮或者富貴，這都是你我需要面對的問題。不要給自己設限，是因為真正的機會兌現，會讓你驚訝到掉下巴。

機會來臨時，你真的會發現自己的想像力非常貧乏。一個需要花費很久很久來思考得出答案的問題：你既不貪財，又不奢靡，為何需要那麼多的財富？

區塊鏈 3.0 能讓財富無限翻轉！

第八章
掌握原力之鑰，連結金錢流與能量流

 第一節 創富區塊鏈，把數據變成財富

財富是一個約定俗成的概念，而在人類經濟史中，財富的概念是隨著不同的經濟時代呈現顛覆式的變化。

農業時代的財富就是土地、水源等資源以及食物、勞動時間等，是人們延續生命的必需品，這一觀念在當下中國仍在延續，比如房子。而工業時代則不僅僅是占有資源，其最典型的是有功能效用、能夠流通銷售的工業品。中國抗日戰爭期間，日本之所以具有絕對優勢就在於建立近現代工業體系，其當時的年鋼產量已達上百萬噸，而中國只有幾萬噸。

隨之，當前社會已經進入了金融資本時代。耶魯大學有一位知名經濟學教授曾說，美國 2006 年金融票券總值達到 129 萬億美元，是其 GDP 的 9.7 倍，說明美國的財富主要不再是 GDP。為什麼阿里巴巴要去美國上市？原因在於可以變現未來，一旦上市公司就可以變現未來 10 年、20 年的資本利潤。

中國與美國的最大差距不在於以 GDP 為主導的工業財富思維，而在於美國資本市場。美國擁有全球最發達、最健全的資本市場法律制度，保護創新、創造價值，保證了其資本市場能夠

10 倍於其 GDP 生產量。而第三世界國家普遍缺乏這種保護個人資產的法律體系。

 ## 第二節 創富區塊鏈，未來社會數位信任基石

　　具體的思維，可以觀察中國變現未來財富的途徑，發生了一次意外的造富運動—房地產，成為人們變現未來財富的一種金融工具。

　　中國在 1998 年房地產改革，開始用房產證將房產確權到個人，並且這種合約的執行程度最高。在房地產領域，中國居然建立了能夠與美國相媲美的健全的法律體系。然而，房子終究不是資本，土地等天然資源是有限的，其可變現的增長空間是受限的，這與美國股票、債券的創新驅動的資本市場的增長不同。

　　中國又一個充滿希望的領域是區塊鏈和大數據產生。大數據可能成為下一代資本市場的明星；當下的中國市場正在產生無限數據，數據產業是最具有潛力的新型產業之一。

　　騰訊的股價有了微信以後突破上千億美元，這既不是第一代的財富（有了更多的土地資源），也不是第二代的財富（生產更多的產品），能在資本市場猛漲，就是因為資本市場給它大數據和用戶關聯的定價。

　　數據變成資產的前提是確權、獲得合法保護，即形成經濟合約、資產轉移合約。而當前銀行建立信任機制的邏輯只是在最貴

的地方蓋最貴的樓（臺北信義計畫區、上海陸家嘴、北京金融街、香港中環等），但這個確權機制完全不可能為大數據確權。而區塊鏈為新型經濟合約的實現提供了思路，即完全不依賴第三方，而是透過非對稱加密、全網記帳、共識演算法建立一套非中心化的確權模式，每個節點來共同記帳，保證數位資產轉移的唯一合法性，而且不可逆。

對大數據確權，意味著人們的思想、創意、人脈、IP 可以確權並流通，成為變現未來財富的機制。區塊鏈的威力正在於此。

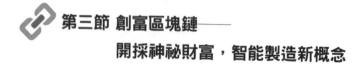

第三節 創富區塊鏈——
開採神祕財富，智能製造新概念

2017 年 5 月 22 日，Twitter 上一個名為 Bitcoin Pizza 的帳號發布了一條消息：「今天是比特披薩節，比特披薩今天價值 20,509,958 美元！」相信對於絕大多數人來說，5 月 22 日僅僅是一個普通的日子，但是對於比特幣粉絲以及極客圈而言，卻是一個破局傳奇色彩與喜感的小眾節日——比特披薩節（Bitcoin Pizza Day）。

很多比特幣玩家會在這一天裡吃一份披薩，向美國佛羅里達州的一位名叫拉斯洛 · 漢耶茨（Laszlo Hanyecz）的軟體工程師、最早期的「比特幣礦工」致敬。

2010 年 5 月 22 日，Laszlo Hanyecz 在比特幣論壇 BitcoinTalk 上半開玩笑地發布需求，說打算用 10000 比特幣換兩張披薩，結果當時年僅 18 歲的網友 Jeremy Sturdivant 真的用兩張總價 25 美元的 Papa John's 披薩券跟他做了交易！

這一舉動被廣泛視作比特幣這一數位貨幣的首筆交易，彼時比特幣報價 0.003 美元／枚。當時如果你肯花 1 美元比特幣並持有至今，其收益相當於中了一注雙色球一等獎。

從產生到興起，從默默無聞到人盡皆知，比特幣一路走來，雖然幾經波折，卻仍然締造了前所未有的神話。

作為眾多「數位貨幣」中的一種，比特幣究竟是如何產生的，又何以如此如日中天、炙手可熱呢？資本炒作的影響自然毋庸置疑，但另一個重要因素，則是人們對於比特幣的底層技術「區塊鏈（BlockChain）」的認可與重視，許多人將其視為能夠重塑經濟與世界的顛覆性技術，因為它巧妙地解決了一個通訊與網際網路領域的難題——拜占庭將軍問題（The Byzantine Generals Problem）。

 第四節 拜占庭將軍與分布式系統共識

拜占庭是 5 世紀到 15 世紀東羅馬帝國的首都，拜占庭羅馬帝國幅員遼闊，為了保衛國土，多支軍隊相隔較遠的不同地域駐紮並由屬地將軍統領；但是當時通訊水準落後，無論是日常政務

還是對敵戰鬥，資訊傳遞都只能依靠信使來完成。

當面對實力較強的敵人時，多支分散各地的軍隊需要在作戰行動上保持統一，才能戰勝強敵。但是，有一個問題一直困擾著將軍們，那就是將軍們無法確認在他們當中是否存在叛徒，而叛徒可能做出「謊報軍情、向友軍發送錯誤軍情、用錯誤資訊擾亂軍情」等一系列行為，進而影響其他將軍做出正確的判斷和決策，最終導致整體戰鬥失敗。

在這種不知道軍中是否存在叛徒的情況下，如何讓其餘忠誠的將軍能夠不受叛徒的影響，正確地達成共識，就是著名的「拜占庭將軍問題」。

事實上，這個問題並非源自於古老的東羅馬帝國，而是誕生於一位美國電腦科學家 Leslie Lamport 的腦海之中，並於 1982 年以論文的形式進行了發表。拜占庭將軍問題的實質是在討論分布式系統在缺乏可信的中央節點和可信任的通道的情況下，如何達成共識的問題。

其實，在我們日常工作生活之中，拜占庭將軍問題無處不在，在諸如網際網路這種分布式系統廣泛存在的今天，「叛徒」給我們造成的危害，有過之而無不及。

如果把是一份暗藏霸王條款的合約、一個蓄意欺詐的交易申請，或是其他含有惡意的資訊比喻為「叛徒」；那麼我們就是在戰場上那些無奈的忠誠將軍，而我們所身處的戰場，則是對我們當今所處的資訊真偽難辨、嚴重缺乏信任、不得不依賴於所謂的

權威與中心的社會關係的悲涼隱喻。然而，創富區塊鏈技術的橫空出世，卻瞬間讓拜占庭將軍問題迎刃而解。

第五節 中本聰的神祕微笑

2008 年末，世界經濟危機恰逢凜冬，但麻省理工學院密碼學郵件討論組裡，卻突然炸響了冬日裡的一聲驚雷，一位署名為「中本聰（Satoshi Nakamoto）」的神祕人發表了一篇名為「Bitcoin P2P e-cash Paper」的著名論文，並在隨後的其他群友的質疑聲中，以一封講述「工作量證明鏈（Proof of work chain）」的郵件，簡潔而完美地解釋了破解拜占庭將軍問題的演算法，瞬間一石激起千層浪！

中本聰在其論文中將他發明的比特幣定義為一種完全透過點對點技術實現的電子現金系統，並對其技術實現做了清楚而詳實了論證；這篇論文不曾在任何學術期刊上發表，卻無疑創造了業界不朽的經典，並被無數駭客奉若聖經。

在 2008 至 2010 年的網路討論中，中本聰伴隨著他的比特幣從理論一步步走向現實，造就了偉大的技術創新，但卻在比特幣上線後不久，即隱逸於茫茫人海之中，而他的真實身分，至今都是未解之謎。

第六節 財富遠不止於加密貨幣

過往數載，雖然幾經沉浮，但比特幣的傳奇卻始終沒有落幕，相反，與之相似的同類數位貨幣，亦如雨後春筍一般層出不窮。據網站 coin make ktcap 統計，截止 2017 年 7 月 18 日，世界上與比特幣相類似的數位貨幣總計 979 種，合計市值 81,280,976,329 美元。其中比較知名的幣種包括：以太坊、萊特幣、瑞波幣等，總市值排名前十的基於區塊鏈技術的數位貨幣排行榜在這些數位貨幣的背後，支撐它們的底層技術「創富區塊鏈」逐漸浮出水面。

根據維基百科的描述，我們可以將創富區塊鏈的定義概括為：一種基於加密技術的去中心化開放性分布式帳本資料庫。顯然，這種技術已經遠遠超過數位貨幣的範疇，神祕的中本聰無疑從一開始就在謀畫一個更大的布局。從中本聰的技術論證和比特幣的應用案例中，我們再來複習前面章節對虛擬貨幣的特徵描述：**去中心化、不易篡改、開放透明、匿名專屬、共識機制。**

1. 去中心化

去中心化不代表沒有中心，而是指在整個分布式系統當中，任何一個節點都不存在強制的中心控制功能，各個節點的權力和義務是均等的。去中心化是創富區塊鏈技術最突出的本質特徵。

2. 不易篡改

所有經過系統驗證並添加至區塊鏈的資訊，都會被永久儲存，任何單個節點都不能刪除或者回退記錄，只能繼續追加記錄，每次記錄也都複製到其他所有節點。無法對於整個總帳系統的私自篡改，這一特徵使得創富區塊鏈技術具有極高的可信度。

3. 透明安全

創富區塊鏈的軟體代碼一般來自開源的社區，因而代碼中不帶有惡意程式或者後門。區塊鏈的所有資訊都可以透過授權使得被授權者讀取數據，無需擔憂數據安全性。

4. 匿名專屬

區塊鏈技術會自動判斷節點之間的數據交互的有效性，因此交易方之間無須透過公開身分的方式獲取彼此之間的信任，同時加密技術可以保證交易各方的隱私不被洩漏。

5. 共識機制

創富區塊鏈技術對即將儲存到區塊鏈上的數據引入多個參與方確認的機制，在所有參與方達成共識，這樣才能進行後續的動作，以免產生由於歧義和不信任帶來的麻煩，任何參與方不確認都無法進行下一步。

由於上述優異的特性，創富區塊鏈技術的發展與創新日新月異，據 BlockChain Angeles 部分統計，目前全球基於區塊鏈技術創業的企業共有 1175 家，且應用已經遠遠不限於數位貨幣，而是在金融、銀行、物聯網，甚至工業、能源領域，都取得了突破性的創新實踐。例如，英國區塊鏈創業公司 Edge logic 正與 Aviva 保險公司展開合作，共同探索對珍貴寶石提供基於區塊鏈技術的保險服務；Google Deep Mind 甚至開始嘗試將區塊鏈技術應用於醫療領域。

當然，繼金融領域之後，留給人們更多期許的，無疑是區塊鏈技術在物聯網領域的創新應用，這一點從世界各大物聯網巨頭的一致行動上便已可見一斑。

第七節 創富區塊鏈之於未來的暢想

拋開「投資賺錢」，創富區塊鏈看似貪婪，其實創富區塊鏈本質是人類響往烏托邦世界中自由、平等的集體表現。

加密貨幣不是用來「擁有」或者「囤積」的，各式各樣的虛擬貨幣，縱然有再多的 0，但如果不讓這份能量流動，其實這些數據並沒有什麼意義。

財富相對自由，但卻不快樂的人，何不重新梳理自身和創富區塊鏈的關係？用心體會加密貨幣的作用和生活的意義。

金錢的特點：

1. 加密的本質是流動的能量

金錢流入我們每個人的生活，有時像奔騰的大河，有時又像潺潺的小溪。流動使水其純化、淨化、創造並滋育。

不過，如果的流動受到阻礙，或者被禁錮的時間過久，對於那些只囤積財富的人，就會變成一種凝滯的能量。

囤積無法帶來豐盛，流動才是加密貨幣能量的本質。

2. 認識加密貨幣的正確流向

加密貨幣是我們願望的承載工具，可以變成能量，也可以轉化成各式各樣的信念。我們應開始要仔細觀察生活裡，我們金錢的流向是什麼樣子的。金錢流向什麼地方，我們就是什麼樣的人，就像耶穌之於五餅二魚。

加密貨幣是我們實現夢想的手段，藉由加密貨幣的作用，來幫助我們實現每個階段的目標，最後達到我們的終極目標——讓我們人生自由、健康和幸福。

前面一再提到比特幣是因為 2008 年全球發生巨大的金融危機，因應經濟大泡沫破滅而產生的新交易模式。當時人們集體對金融機構、政府都失去信心時，「去中心化」的新思維揭竿而起，在此新浪潮下，比特幣在人類熟悉的權威中心化交易機構外，打破傳統，憑空創造出兼具安全性與匿名性的新交易型態。

比特幣從無到有，一路發展下來，雖然讓我們看到了一些瑕疵，比如交易容量小、交易時間長、手續費高、投機性強等缺失，

但卻讓創富區塊鏈技術喚醒了人們對自由與平等的追尋，引爆了人類對資產財富的儲存與交易模式的大革命風潮。

因此創富區塊鏈是人類覺醒後的最佳應用技術，不僅是去仲介化的價值傳輸網路；除了可以讓任何種類的財富數位化，包含商品、身分、憑證、數位權利等，還能讓這些數位化的財富，都能被追蹤和交易，解決價值交換和交易信任的問題。這就像電話的發明一樣，能讓身處不同地點的人們，不須透過他人仲介傳達，即時互相溝通。相對的創富區塊鏈的發明，則是透過智能合約讓每一個人將財富數位化，再運用 ICO 的手段，

比特幣是第一個創富區塊鏈應用，但人們不應只把重心放在虛擬貨幣的發行上。在未來，則是應聚焦在如何將創富區塊鏈應用在貨幣以外的領域。其中一點是利用創富區塊鏈「分散式帳本」的特性，讓資料儲存去中心化，例如，過去醫療紀錄掌握在各家醫院手裡，但創富區塊鏈能將醫病資料所有權交回患者手上，自行決定交由哪些機構使用。

由於目前仍在 ICO 發展初期，大多數人購買 ICO 發行的「代幣（Token）」，賭的是未來價格會漲幾倍、較偏向股票投資性質，而非看好代幣的實際效用。

一旦 ICO 市場發展成熟，代幣可拿來換取某種資源或服務，屆時加密貨幣才會真正走入日常生活，帶來新的「代幣經濟」。

例如，臺灣 ICO 的實例——「生命幣」，除了記錄用的各項生命資料外，還有搭配生命幣可以拿來購買各種商品、醫療保

健服務及兌換各種加密貨幣，這也是一個很不錯的應用。

隨著創富區塊鏈的應用越來越廣泛，可以預見不久的將來，每個人也都能把自己的財富或服務轉成代幣，和其他人交換。

因此在創富區塊鏈時代裡，每一個人都要獨特化並創造自己的身分價值，則人類就不用錢或現金來購買商品，而是可以回到「以物易物、以價值交換價值」的時代。

創富區塊鏈起源於人類的金融革命，創造了「去中心化」與「共享主義」的新思維、新信念，雖伴隨著投機、泡沫化的風險，但卻為數位化的新世界帶來了更自由、更平等的新運作模式。

借用俄羅斯文學評論家巴赫汀（Mikhail Bakhtin）的話來看創富區塊鏈新浪潮：「和危機連結在一起，是自然循環、社會生活與人生的突破點。這是死亡與復活的時刻，也是改變與重建的時刻，世界觀帶著歡欣之情。」現在看到比特幣的雜亂身影，將是創富區塊鏈大革新的起點。

🔗 第八節 後記

財富的真諦不在於擁有多少貨幣與多少資產，其實這些都只是表象，隨著物換星移，價值將會隨之改變。

有人把比特幣比做 16 世紀的鬱金香，認為比特幣終究會像鬱金香一樣，因泡沫破滅而消失不見，並對持有比特幣者百般嘲笑。或許比特幣有一天也會消失，但不是泡沫破滅，而是沒有存

在的價值了。

就像是早期人類採用貝殼做為貨幣及交易的媒介物質一樣，比特幣本身的價值就只是你我用來交易的媒介罷了。

萬事萬物本就是如此，佛教的聖經——《心經》中提及「色即是空，空即是色」，早就教人要參透明白在虛實之間的真理，才能從容面對無常，欣然接受從無到有，從有到無的悲歡。得之，我幸；不得，我命。

隨著數位化世界的到來，標明著人與人之間的交易將不再是透過實質的貨幣，而是透過更聰明、更安全、更公平的數位貨幣來交易了。

從現在起換上新的腦袋、新的思維，熱情擁抱各式各樣的加密數位貨幣吧！那代表著你已緊緊跟上潮流，是活在明日世界的摩登聰明人。

像我曾在中國經商 20 多年，其間也花費很多時間研究共產與共享的知識；為了知己知彼，更多瞭解中國人的思維，方便在中國做生意，更要時常閱讀當地人出版的各種書籍。

在一邊研究、一邊實踐探討過程當中，不時兩相比較兩種近代主流思想——共產主義與資本主義的差異與優缺點。臺灣在實現民主化的過程中，徹底靠向資本主義，而中國則在共產主義立國的根本下，摸著石頭過河，試圖找出共產主義的新出路。

在臺灣，資本利得概歸資本家所有，這是我們的基本信念，我們信奉贏者通吃，優勝劣敗。而在中國，在馬克思的信仰下，

他們堅信所有的資本利得皆是國家全體社會及全體人民共同創造出來的成果，資本家只是創造成果中的一環，所以資本利得應該全民共用。

100 多年來，兩種迥然不同的信念，變成兩個陣營，一直在人類之間不斷的鬥爭、不斷的激辨。

臺灣一向是資本家的天堂，在這裡崇尚個人主義，保障自由。而自從中國推動改革開放以來，不僅讓一部分人富起來，更傾盡全國之力邁向全面小康社會努力。在中國，崇尚集體主義，強調犧牲小我，一切以國家發展為優先。一樣的民族，分成兩個陣營，互為參照、互為較量。在此共產主義與資本主義的比較中，倒底哪個好？或許需要時間及機遇來融合雙方的歧異。

我個人則認為兩者之間的融合必須有更高層次的思想出現，才是化解雙方歧異的最好模式。十分慶幸，橫空出現了創富區塊鏈的去中心化思想，能讓這個二元化的世界有了異中求同的最好解決方法。

期待在不久的將來，因為有了創富區塊鏈，讓這個世界早日實現《禮記‧禮運大同篇》中人類的最美好境界，讓所有的人類和平共處，公平相待。祈求人類的子子孫孫能在這顆全宇宙最美麗的星球上，永續不息。

禮記 · 禮運大同篇

大道之行也，天下為公，選賢與能，講信修睦，故人不獨親其親，不獨子其子，使老有所終，壯有所用，幼有所長，鰥寡孤獨廢疾者皆有所養；男有分，女有歸，貨惡其棄於地也不必藏於己，力惡其不出於身也不必為己，是故謀閉而不興，盜竊亂賊而不作，故外戶而不閉，是謂大同。

THE "DATONG" (THE IDEAL WORLD)

When the Great Way(or Principle) prevails, the whole is owned by all; they elect men of talents, virtue and ability; they practice honesty, and they cultivate universal peace. People love not only their own parents; they treat with parental care not only for their children. Provision is made so that the aged may live comfortably until their death, so that the able-bodied (those in the prime of life) may find employment, and so that the young may have he means of growing up. The widowers, widows orphans, childless, and those who are disabled by disease are all sufficiently maintained. Men have their work, and women have their home.

They do not like goods to be wasted on the ground, but preserve them, not for themselves alone. They do not like their strength to be wasted in idleness, but spend it, not only for their won benefit. In this way selfish scheming are suppressed and have no chance of arising. Robbers, filchers and rebellious traitors do not exist.Hence, the outer doors can be left open, and need not be shut. This is what we call "Datong" (The Ideal World).

From the 'Liji' or 'Book of Rites'

創富區塊鏈

從比特幣到 FinTech，即將改變世界商業規則的科技新趨勢

作　　　　者／許庭榮・彭冠今
出版經紀人／卓天仁
封面設計／許國展
美術編輯／孤獨船長工作室
責任編輯／許典春・簡心怡
企畫選書人／賈俊國

總　　編　　輯／賈俊國
副總編輯／蘇士尹
編　　　　輯／高懿萩
行銷企畫／張莉滎・廖可筠・蕭羽猜

發　行　人／何飛鵬
出　　　　版／布克文化出版事業部
　　　　　　臺北市中山區民生東路二段 141 號 8 樓
　　　　　　電話：(02)2500-7008 傳真：(02)2502-7676
　　　　　　Email：sbooker.service@cite.com.tw
發　　　　行／英屬蓋曼群島商家庭傳媒股份有限公司城邦分公司
　　　　　　臺北市中山區民生東路二段 141 號 2 樓
　　　　　　書虫客服服務專線：（02）2500-7718；2500-7719
　　　　　　24 小時傳真專線：（02）2500-1990；2500-1991
　　　　　　劃撥帳號：19863813；戶名：書虫股份有限公司
　　　　　　讀者服務信箱：service@readingclub.com.tw
香港發行所／城邦（香港）出版集團有限公司
　　　　　　香港灣仔駱克道 193 號東超商業中心 1 樓
　　　　　　電話：+852-2508-6231 傳真：+852-2578-9337
　　　　　　Email：hkcite@biznetvigator.com
馬新發行所／城邦（馬新）出版集團 Cité（M）Sdn. Bhd.
　　　　　　41, Jalan Radin Anum, Bandar Baru Sri Petaling,
　　　　　　57000 Kuala Lumpur, Malaysia
　　　　　　電話：+603-9057-8822 傳真：+603-9057-6622
　　　　　　Email：cite@cite.com.my
印　　　　刷／卡樂彩色製版印刷有限公司
初　　　　版／2018 年（民 107）5 月
初版 3.5 刷／2019 年（民 107）3 月
售　　　　價／320 元
ＩＳＢＮ／978-957-9699-13-6

城邦讀書花園
www.cite.com.tw　布克文化
WWW.SBOOKER.COM.TW